Sankt Annen

Sankt Annen

Der Bergmannsdom in Annaberg-Buchholz

Text: Ariane Grund
Fotos: Rainer Dohle

Dank

Wir möchten uns bei all jenen bedanken, die an uns glaubten, die uns berieten, uns mit Informationen fütterten und uns anschubsten: die Evangelisch-Lutherische Kirchgemeinde Annaberg-Buchholz, Karsten Loderstädt, Martin Lange, Christian Schulz, Marit und Matthias Melzer, Matthias Süß, Rolf Rehm, Reinhart Unger und Matthias Zwarg.

Ariane Grund und Rainer Dohle

Der Verlag dankt der Evangelisch-Lutherischen Kirchgemeinde Annaberg-Buchholz für die freundliche Genehmigung und die Unterstützung bei der Veröffentlichung dieses Buches.

Impressum:

St. Annen: Der Bergmannsdom in Annaberg-Buchholz
Texte: Ariane Grund
Fotos: Rainer Dohle

© Chemnitzer Verlag
Chemnitzer Verlag & Druck GmbH & Co. KG
1. Auflage, April 2011

Gestaltung: Kassler Grafik Design Leipzig
Gesamtherstellung: Westermann Druck Zwickau GmbH

www.chemnitzer-verlag.de
www.freiepresse.de

Inhalt

Vorwort — 7

Der Weg zum Hauptaltar — 15
Das Hauptportal — 15
Der Taufstein — 17
Die Kanzel — 20
Der Hauptaltar — 25
Der Innenraum — 28
Das Gewölbe — 32

Der geistliche Weg — 37
Die Gebetsecke — 37
Die Altäre — 38
Der Münzeraltar und der Bäckeraltar — 38
Der Pflock'scher Altar — 48
Der Bergaltar — 52
Die Reformation — 66
Die Reliquien — 67
Die Schöne Tür — 68

Der Weg zur Häuerglocke — 75
Der Turm — 75
Die Ausblicke — 78
Die Legenden — 80
Die Rekonstruktion des Turms — 81
Die Türmerfamilie — 83
Der Dachstuhl — 87
Die Glocken — 89
Die Häuerglocke — 93

Bilderbibel und Emporenreliefs — 95
Die Emporenreliefs — 95
Die Bilderbibel — 96
Die Lebensalter — 105
Die Walcker-Orgel — 110
Die Buntglasfenster — 114
Die Rekonstruktion — 124

Die Gemeinde auf dem Weg — 131
Die offene Kirche — 131

Die Zeittafel — 142

Vorwort

Es ist schon spät und der Lärm des Tages verklungen. Zeit, abzuschließen – die Türen und das Tagwerk. Die letzten Strahlen der Abendsonne eines langen Sommertages tauchen das Kirchenschiff in dunkeles Rot. Ich stehe inmitten des Raumes und vergesse für mehr als einen Moment alles, was mich treibt. Dieses Leuchten erfasst meine Seele. Es wärmt von innen. Wieder einmal wird mir bewusst: St. Annen ist ein Ort, an dem sich Himmel und Erde berühren. Das bekennen auch viele Besucher immer wieder. Manche haben ihr Staunen ins Gästebuch eingetragen und berührende Worte für etwas gefunden, das man eigentlich kaum in Worte kleiden kann.

„Diese Kirche hat etwas, das über die Welt hinausreicht!" notiert einer und dankt für die heilsame Einkehr bei sich selbst, die ihm St. Annen ermöglichte.

Ein viertel Jahrhundert waren Baumeister und Künstler von europäischem Rang beschäftigt, das herrliche Gotteshaus oberhalb des Marktes auf- und einzurichten. Einigen unter ihnen blieb es versagt, die Weihe zu erleben.

Aber alle Hände, die an diesem Kunstwerk mitwirkten, schufen Einmaliges. Sie lehrten die Steine das Sprechen von Vertrauen und Hoffnung. Sie kleideten Bilder des Lebens in Farben aus Gottes Schöpfung. Sie öffneten ihre Herzen und verliehen dem eigenen Glauben Gestalt. Nicht um Anerkennung zu erlangen. Dem Himmelreich auf Erden einen erlebbaren Raum zu geben, einem großen Bauplan nach biblischer Vorlage folgend, das war ihr Ziel und stand hinter ihrem Schaffen und Mühen.

St. Annen, aufragend und trutzig wie eine Burg inmitten von Hütten und Huthäusern. Nach dem „großen Berggeschrey" in der Freude über den ersten Silberfund, wimmelte es zwischen Schreckenberg und Pöhlberg von Bergleuten. Sie versuchten, dem Berg seine Schätze abzuringen. Gefährlich war jede Fahrt in die Tiefe. Die Knappen schufteten in Gruben und Schächten. Ihr Geleucht funzelte schwach, sodass man kaum die Hand vor Augen sah. Böse Wetter, Felsstürze und plötzliche Wassereinbrüche – nicht wenige bezahlten mit ihrem Leben. Es glich oft einem Wunder, das Tageslicht wieder zu sehen. Für die vom großen Bergfürsten geschenkte Bewahrung galt es nach jeder Schicht zu danken. Schließlich, am arbeitsfreien Sonntag, betrat der Knappe seinen Bergmannsdom, die dreischiffige Halle. Das Licht flutete durch die ursprünglich

←6
Mystische Abendstimmung:
Der Blick auf St. Annen vom
Pöhlberg aus.

Blick zur Kirche von der Schreckenbergruine aus.

→ 9

Abendstimmung über Annaberg-Buchholz: St. Annenkirche und Pöhlberg sind angestrahlt und leuchten weithin sichtbar ins Land.

unbemalten Fensterscheiben herein. Wie ein herrlicher Blütengarten überspannt das Gewölbe den heiligen Raum. Er lässt etwas von der Größe Gottes und zugleich von seiner Freundlichkeit aufstrahlen. In die „Teufe des Alltags" steigt Jesus, der Oberberghauptmann, auf Erden herab und wird den „lettigen Gang" auftun. Der Bergleute Glaube verströmte Gewissheit, die bis heute beeindruckt.

Die geheimnisvolle Geschichte der Menschwerdung Gottes erzählt die Kirche anschaulich, angefangen bei Anna und Joachim, den Großeltern Jesu, über Maria und Josef und die Geburt ihres Sohnes Jesus. Der Betrachter darf in der Steinernen Bilderbibel blättern. Er wird sowohl vom Schatten des Kreuzes als auch zuletzt vom herrlichen Licht des Ostertages berührt. Schließlich, am Taufstein, entsteht die Frage, woher das Leben kommt und wohin es gehört…

Wege in St. Annen zu entdecken, laden Ariane Grund und Rainer Dohle ein. Sie eröffnen mit diesem Bildband, der zugleich ein Geschichten- und Geschichtsbuch ist, bewegende Ein- und Ausblicke. Wer zuerst das Buch in der Hand hat, wird sicherlich kommen und St. Annen besuchen wollen. Und umgekehrt kann dieses Buch helfen, die Eindrücke eines Besuchs zu vertiefen.

Noch immer stehe ich im Kirchenschiff. Mittlerweile ist es dunkel geworden. Ich zünde eine Kerze an und stelle sie in die Mitte des Altarraumes. Zeichen des Lebens gegen die Finsternis von Angst und Verderben. Möge St. Annen stets ein Ort sein, an dem Menschen sich ihres Lebens bewusst werden. Ich lade sie herzlich ein!

Ihr
Karsten Loderstädt
Pfarrer von St. Annen, Annaberg

Seine zweistündigen Führungen durch die Gassen der Annaberger Altstadt beginnt Nachtwächter Rainer Eckel regelmäßig am Portal der St. Annenkirche.

Die Konzerte zur Adventszeit sind besondere Höhepunkte im Gemeindeleben.

→ 11
Die besondere Lichtstimmung dieses Abends war der Veranstaltung „Sound & Light" im Jahr 2006 zu verdanken.

Das imposante Hauptportal ist bei Nacht beleuchtet.

Der Weg zum Hauptaltar

Das Hauptportal

Wie eine Trutzburg erhebt sich der Kirchenbau von St. Annen über der Stadt. Unverputzt, aus Gneisbruchstein errichtet, wirkt er fast einschüchternd auf den Besucher. Die grauen Steine prägen die Außenansicht des massig und schlicht wirkenden Gotteshauses. Seine mächtige Pforte samt einladender Freitreppe wurde erst in den 1920-er Jahren geschaffen und wirkt dennoch so monumental, als zählte sie zu den ältesten Bauabschnitten des Gotteshauses.

Nur sieben Jahre nach dem ersten Silberfund und drei Jahre nach der Stadtgründung wurde 1499 der Grundstein des „Annabergschen Tempels" aufgrund einer weitsichtigen Stadtplanung gelegt. 26 Jahre und drei Baumeister später wurde St. Annen im Jahr 1525 fertig gestellt. Seinen Namen erhielt der „Bergmannsdom" von Anna, der Großmutter Jesu und Schutzpatronin der Bergleute. Heute gilt St. Annen als eine der bedeutendsten spätgotischen Hallenkirchen Deutschlands.

Das Hauptportal empfängt den Besucher weit offen. Es soll, für alle sichtbar, einladen, die Kirche zu betreten. Bauliche Veränderungen durch die Errichtung eines Windfangs aus Glas machen es möglich, die Portaltür unabhängig von Wind und Wetter zur Kernöffnungszeit täglich von 10 bis 17 Uhr offen zu lassen.

Geborgen unter einem steinernen Himmelszelt legt dann der Innenraum beredtes Zeugnis vom einstigen

Bruchsteine prägen die Außenansicht des schlicht wirkenden Gotteshauses.

Wohlstand der Bergstadt ab, die durch die reichen Silberfunde Ende des 15. und Anfang des 16. Jahrhunderts zur zweitgrößten Stadt Sachsens hinter Freiberg aufstieg. 12.000 Menschen lebten zu jener Zeit in der mittelalterlichen Stadt, die größer war als Leipzig und Dresden zusammen. Landesvater Georg der Bärtige, Herzog von Sachsen, wird über seine Gunst zu ausgewählten Städten seines Herzogtums mit den Worten zitiert: „Leipzig die Beste, Chemnitz die Feste, Freiberg die Größte und Annaberg die Liebste." Der Landesvater privilegierte und förderte die Knappen in seiner liebsten Stadt. Unter seiner Regentschaft wurde der „Bergmannsdom" erbaut. Eine ehrwürdige Stätte für Gott, den Herrn, der die Heilige Anna den Menschen im Bergbau zur Fürsprecherin sandte. Sie wurde als die große „Erzmacherin" verehrt.

Riesig in ihren Dimensionen, verschlingt St. Annen dann den Eintretenden in ihre 22 Meter hohe Halle. Die Pfeiler eines meisterhaften spätgotischen Schlingrippengewölbes stützen die 65 Meter lange und 27 Meter breite Hallenkirche. In dem lichten, weiten Raum fällt die merkwürdige Stellung der Kirchenbänke zuerst auf: Sie stehen ausnahmslos quer zum Altarraum. Hintergrund ist, dass das Wort Gottes und mit ihm die Kanzel akustisch und räumlich im Zentrum der reformatorischen Predigtkirche stehen und dort eindrucksvoll symbolisieren: „Das Wort ist die Mitte." Im Mittelalter gab es keine Bänke, die Menschen standen zum Gottesdienst. Als im 17. Jahrhundert die Sitzbänke aufgestellt wurden, stellte man sie längs, zur Kanzel hin ausgerichtet auf.

„Es soll kein Bürger, Einwohner, Mieter oder Gast, am Sonntag oder anderen Hauptfesten, vor und während der Messe feilen, Kauf treiben oder handeln, sondern vor allen Dingen das Reich Gottes und die Kirche besuchen. Wer sich aber dessen schuldig macht, soll dem Rat einen Gulden Strafe geben.
Stadt-, Gerichts- und Ratsordnung der Stadt Annaberg von 1503

→ 17

Der Taufstein könnte von Hans Witten um 1515 stammen. Er bestand höchstwahrscheinlich aus drei Sandsteinblöcken. Zu Füßen des Taufsteines hocken drei Kinder. Sie blicken erwartungsvoll ihrer Taufe entgegen.

Der Taufstein

Nur wenige Tropfen netzen die Stirn des Kindes. In den starken Armen des Vaters scheint das Mädchen über dem Taufstein zu schweben. Kaum sechs Monate alt ist die kleine Helena, als sie in St. Annen mit der Heiligen Taufe in die Gemeinschaft der Christen aufgenommen wird. Damit gehört sie zu den rund 91.000 alten und jungen Gotteskindern, die über dem mehr als 450 Jahre alten Taufstein in der St. Annenkirche getauft worden sind.

Die Statistik beginnt im Herbst des Jahres 1556. Ein Wagen mit schweren, eisenbeschlagenen Rädern nähert sich der Klosterpforte: „Gen Annaberg hinauf", ruft der Kutscher, und schnaubend verlässt das unter der Last ächzende Gespann die ehrwürdigen Mauern der Benediktinerabtei in Chemnitz. Diese Reise wird dauern. Sie ist alles andere als ungefährlich. Auf schlammigen, nur teilweise gepflasterten Wegen führt sie von Chemnitz nach Annaberg und überwindet dabei 350 Meter Höhenunterschied. Es handelte sich um eine aufwändige und teure Spedition im Auftrage des Rates der Bergstadt und im Namen des Herrn. Auf dem Wagen befindet sich ein Taufstein. Ort seiner endgültigen Bestimmung: der „Bergmannsdom".

Seit Mitte des 16. Jahrhunderts ziert das Kunstwerk das Zentrum des Altarraumes in der Annaberger

Hallenkirche genau dort, wo sich Längsschiff und Querschiff kreuzen. Exakt senkrecht über dem Blütenkelch, den die steinernen Reben ausgetrieben haben, erhebt sich der Dachreiter auf dem First.

Mit seinen steinernen Wurzeln fest verankert, scheint der Taufstein aus der Erde herauszuwachsen. Der gedrehte Stamm trägt eine sechsblättrige Blüte, die die Taufschale aus Zinn hält. Unten, bei den Wurzeln, hocken drei Kinder. Sie tragen goldgesäumte Kleidchen und blicken erwartungsvoll und andächtig ihrer Taufe entgegen. Sie sehen drei Engel mit goldenem Haar. Diese schweben mit dem Rücken an dem Stamm, der mit einem Spruchband umwickelt ist – dem Taufbefehl aus dem Matthäus-Evangelium.

In den Jahren 1988 bis 1990 wurde der Taufstein mühevoll restauriert. Ihn überzogen sieben verschiedene Bemalungen, die ihn in seiner letzten Fassung in ein dunkles Braun hüllten. In der zweijährigen Restaurierung legten die Spezialisten sein ursprüngliches

Aussehen wieder frei. Seither erstrahlt er in altem, neuem Glanz. Zu den berühmtesten Persönlichkeiten, die über ihm zur Taufe gehoben worden waren, gehörte der Annaberger Chronist Paulus Jenisius.

Die Anzahl der Taufen liegt im ersten Jahr bei 266, wobei zu berücksichtigen ist, dass die Statistik erst mit der Ankunft des neuen Taufsteins im Herbst 1556 beginnt. Im Folgejahr weist sie 450 Taufen auf. Die Zahlen im Taufregister unterliegen bis zur Mitte des 17. Jahrhunderts großen Schwankungen und gehen bis auf 100 Taufen im Jahr 1686 zurück. Im 18. Jahrhundert erhalten zwischen 100 und 150 Menschen pro Jahr in St. Annen die Heilige Taufe, bis Mitte des 18. Jahrhunderts steigt die Zahl wieder auf 200. Die Industrialisierung des 19. Jahrhunderts und der damit einhergehende Bevölkerungszuwachs ist auch im Taufregister der Annaberger Kirchgemeinde abzulesen: Die Zahl der Getauften steigt stetig an und erreicht im Jahr 1885 die Höchstzahl von 552. Das entspricht mehr als zehn Taufen pro Sonntag. Dieser hohe Stand bleibt bis 1914 (309 Taufen) erhalten. Bereits ein Jahr später werden nur noch 173 Mädchen und Jungen in die Gemeinschaft der Christen aufgenommen. Um die 200 Taufen pro Jahr feiert die Kirchgemeinde St. Annen bis zum Ausbruch des Zweiten Weltkrieges. Ab den 1950-er Jahren sind um die 50 Weihen pro Jahr im Register verzeichnet – Tendenz fallend. Im Jahr 1977 finden in St. Annen keine Taufen und ein Jahr später nur sechs statt. In diesen beiden Jahren wird das Mittelschiff der Kirche restauriert. Gottesdienste und Taufen sind nur eingeschränkt beziehungsweise in der Bergkirche „St. Marien" möglich. Seit der politischen Wende lassen sich im Jahr zwischen 30 und 70 Menschen in der St. Annenkirche in die christliche Gemeinschaft aufnehmen.

→ 20/21
Der Aufgang zum Kanzelkorb ist durch eine Tür verschlossen und den Pfarrern vorbehalten. Der Kanzelkorb eröffnet den Blick in die einstige Schreib- und Studierstube der Kirchenväter.

Drei Engel schweben am Taufstein und tragen den Taufbefehl aus dem Matthäus-Evangelium.

Die Kanzel

Der Kanzelkorb eröffnet den Blick in eine Schreib- und Studierstube. Über ihre Pulte gebeugt, vertiefen sich die Kirchenväter: Augustinus, Gregor der Große, Hieronymus und Ambrosius. Ihr Leben und Wirken galt dem Wort Gottes. Und dieses Wort Gottes sollen diejenigen, die auf der Kanzel stehen, den Menschen lebendig predigen. Die Worte entströmen dem Mund und wollen die Herzen erreichen, aber immer auch zur eigenen Entscheidung aufrufen. In der Mitteltafel am Kanzelkorb ist Mutter Anna abgebildet, aber nicht nur sie allein, sondern in Verbindung mit ihrer Tochter Maria und dem Jesus-Kind, das vom Schoß der Großmutter zu seiner Mutter hinüberrutschen will. „Anna Selbdritt" lautet der kunstgeschichtliche Name dieses vielfachen Motives in der St. Annenkirche, aber auch anderswo, das einmal mehr die menschliche Abstammung Jesu versinnbildlicht. Und freilich legendär, aber dennoch deutlich wird in der Darstellung überliefert: Anna sei deshalb die Schutzheilige der Bergleute, weil, wie aus dem Schoß der Erde das Silber kommt, aus ihrem Mutterschoß Maria hervorging, die Magd des Herrn, rein und leuchtend wie das Silber. Maria wiederum brachte „Gold" zur Welt,

Die Kanzel überdacht ein Schalldeckel. Ihn ziert eine Taube - das Symbol für den Heiligen Geist.

→ 23
An der Rückseite der Kanzel begegnet der Besucher dem Relief „Der Bergmann vor Ort".

den Sohn Gottes, der der Welt zum Christus wurde. Die Himmelskörper, die den dreien zugeordnet sind – erzblinkende Sterne über Anna, der silberne Mond über Maria und die goldene Sonne über dem Jesus-Kind – betonen die Deutung des berühmten Motives, das übrigens auch das Stadtwappen der Bergstadt Annaberg-Buchholz ziert. An der Rückseite der Kanzel spielt der Bergbau einmal mehr eine wesentliche Rolle in der Kirche. An dieser Stelle begegnet der Besucher dem Relief „Der Bergmann vor Ort". Auf seinem Arschleder kauernd, hat einige Eisen mit dem Schlägel schon stumpf geschlagen. Dennoch blickt er vergnüglich drein. Am Kanzelaufgang ist der Bergmann ein Sinnbild für die Suche nach dem geistlichen Schatz, dem Wort Gottes, das versöhnt und Sinn stiftet. Auch das Wappen des Herzogtums Sachsen und der polnische Adler dürfen an der Kanzel nicht fehlen. Hier und an weiteren zentralen Punkten in der Kirche weisen die beiden Wappen auf die „Geldgeber" beim Bau der Kirche hin.

Der Blick aus dem Mittelgang führt direkt in den Altarraum und richtet sich auf den Hauptaltar.

→ 25
Das 73 Zentner schwere Steinbildwerk des Hauptaltars wurde in Einzelteilen nach Annaberg gebracht und 1522 im Hauptchor aufgestellt.

Der Hauptaltar

Der Hauptaltar zieht die Blicke magisch an. Die Wurzel Jesse verdeutlicht den Stammbaum Jesu, der sich zur Heiligen Familie hin verzweigt. Eine Verästelung führt zu Anna, der Namensgeberin der Kirche, sowie zu ihrem Mann Joachim, den Großeltern des Nazareners. Von oben her kommt der Heilige Geist in Form der Taube und Strahlen auf das Jesus-Kind. Da hat sie sich etwas einfallen lassen, die Werkstatt Daucher in Augsburg. Denn von dort wurde der Hauptaltar ins Erzgebirge gebracht. Er besteht aus zehn verschiedenen Sorten Mamor, die Figuren wurden aus Solnhofener Kalkstein des Altmühltals gefertigt. Als zentrales Thema wurde die Stammbaumsdarstellung gewählt, die auch in einem Weihnachtslied aus dem 16. Jahrhundert besungen wird: „Es ist ein Ros entsprungen, aus einer Wurzel zart, wie uns die Alten sungen, von Jesse kam die Art…" Stammvater Jesse liegt ganz unten und ihm wächst mitten aus dem Bauch heraus der Stammbaum, der den Betrachter zu den nächsten Generationen führt: In der Ebene darüber zwölf Könige Israels, zwölf Stämme, zwölf Apostel. In der Mitte, ganz klein, das Jesuskind. Es wird von dem Engel angebetet. Wer den Altar spendiert hat, ist an den Wappen abzulesen: Links das sächsische Wappen des Landesherrn und Stadtgründers Georg der Bärtige, rechts das Wappen von dessen Frau Barbara. Sie war eine polnische Prinzessin, und deshalb findet sich mitten in einer erzgebirgischen Kirche der polnische Adler.

Die Rückseite des Hauptaltars ziert ein Triptichon, das im 19. Jahrhundert zusammen gestellt wurde. Im Mittelbild hat Lukas Cranach Jesus und die Ehebrecherin dargestellt.

← 26

Als zentrales Thema des Hauptaltars wurde die Darstellung des Stammbaums der Christenheit gewählt.

Der Innenraum

Viele Künstler schufen in der St. Annenkirche großartige Werke. Sie hinterließen im Inneren von St. Annen ihre Handschrift, so unter anderem der Steinmetz Hans Witten, der Maler Hans Hesse sowie der Bildhauer Franz Maidburg. Die Meister jener Zeit haben Beachtliches hinterlassen, indem sie den christlichen Glauben mit Pinsel und Hammer umsetzten.

Beim Blick vom Altarraum aus wirkt der dreischiffige Innenraum von St. Annen in seiner ganzen Pracht auf den Besucher. Dass er wieder so eindrucksvoll leuchtet, verdankt die Kirche der mühsamen, 25 Jahre dauernden Restaurierung, die 1973 begann und sowohl innen als auch außen vielfach an die Substanz des damals fast 500-jährigen Gebäudes ging. Die Restauratoren begaben sich auf die Spuren der Erbauer und Ausstatter und versuchten, so behutsam wie möglich, den spätgotischen Raumeindruck wieder herzustellen.

Der einstige Wohlstand der Bergstadt zeigt sich im Innenraum der Kirche.

Die drei bedeutenden Baumeister der Kirche, die auf Grund der günstigen wirtschaftlichen Voraussetzungen in einem Zeitraum von über 20 Jahren tätig waren, standen kaum unter Sparzwängen. Sie schufen aus grobem Material, Steinen, Holz, Schiefer und Kupfer ein Kunstwerk zu Ehren Gottes: Hofbaumeister Konrad Pflüger, aus Schwaben stammend, ließ den Kirchturm anwachsen und zog Mauern um die kleine Holzkirche, die vormals Bergleute an dieser Stätte errichtet hatten. Nach seinem Tode führte Peter Ulrich das Bauwerk in die Höhe. 1512 wurde die provisorische Holzkirche abgerissen und mit den Arbeiten an Dachkonstruktion und Gewölben begonnen. Unter der Leitung des Pirnaers wurde eine eigene Steinmetzhütte in der Stadt eröffnet. Bauleute wurden nach modernen Kriterien der Handwerkskunst ausgebildet. Der dritte und bedeutendste Baumeister heißt Jacob Haylmann, besser bekannt als Jakob von Schweinfurt, ein Schüler und Mitarbeiter Benedikt Rieds aus Prag. Ab 1513 wirkte er am Bau des Annaberger Gotteshauses mit. Unter seiner Leitung gingen die Annaberger als Sieger aus dem Annaberger Hüttenstreit im Jahr 1518 hervor. Bei diesem Streit zwischen dem Magdeburger und dem Annaberger Werkstattverband ging es besonders um die Verkürzung der Lehrzeit und um die Nutzung des neuen, modernen Formengutes der Renaissance in Deutschland. Landesherr Georg der Bärtige entschied sich für den künstlerischen Fortschritt. Während die Architektur der St. Annenkirche der Spätgotik folgt, besteht ihre Inneneinrichtung auch zu einem Teil aus Werken der Renaissance. Unter dem Baumeister Jakob von Schweinfurt wurde die Dachkonstruktion vollendet, die selbsttragend auf den Pfeilern und Außenmauern liegt und damit eine bemerkenswerte technische Neuerung darstellte. Ihm hat die Kirche darüber hinaus ihr meisterhaftes Gewölbe zu verdanken.

Zu herausragenden Anlässen erstrahlt die Hallenkirche in besonderem Licht.

In dem weiten Innenraum fällt die merkwürdige Stellung der Kirchenbänke zuerst auf: Sie stehen ausnahmslos quer zum Altarraum.

Das Gewölbe

→ 33
Das gesamte Gewölbe gleicht mit seinem Blumen- und Blütenschmuck einem paradiesischen Himmelsgarten.

Unter der Anleitung ihres letzten Baumeisters erhielt St. Annen ihr sieben Joche überspannendes, spätgotisches Schlingrippengewölbe in der Form von Schleifensternen. Es nimmt dem Raum alles Drückende und erhebt das Annaberger Gotteshaus in den Rang eines kunstgeschichtlichen Meisterwerkes von europäischer Bedeutung. Der Blick folgt unwillkürlich den Pfeilern nach oben. Kurz unter der Decke wachsen ihnen – Ästen an Bäumen gleich – Rippen heraus, die sich verschlingen und im Mittelschiff zu großen sechsblättrigen Blumen zusammen laufen. Das gesamte Gewölbe gleicht mit seinem Blumen- und Blütenschmuck einem paradiesischen Himmelsgarten. Die Gedanken an den Paradiesgarten Gottes dienten wohl auch als geistige Vorlage für das Gewölbe. Pflanzen, Tiere und Phantasiewesen beleben die Verbindungen der einzelnen Rippen. In den beiden Seitenschiffen repräsentieren die Könige und Propheten das Alte Testament als Welt- und Heilsgeschichte. Die Originalbemalung des Gewölbes blieb fast 300 Jahre lang unter vier im Verlauf der Jahrhunderte aufgetragenen Farbschichten verborgen. Sie wurde während der kompletten Restaurierung des Innenraumes der Kirche in den Jahren 1975 bis 1998 frei gelegt. Dank dieser Restaurierungsarbeiten erhielt das Gotteshaus wieder seine ursprüngliche erhabene Ausstrahlung.

Ihr meisterhaftes Gewölbe hat St. Annen dem Baumeister Jakob von Schweinfurt zu verdanken.

Das spätgotische Schlingrippengewölbe zählt zu den kunstgeschichtlichen Meisterwerken des Gotteshauses.

Der geistliche Weg

Die Gebetsecke

St. Annen ist eine offene Kirche, die zum Gespräch über Gott und die Welt sowie zum Dialog mit Gott einladen möchte. In der Gebetsecke kann jeder, der möchte, unter das Kreuz treten, um dort ein Gebet zu sprechen, ein Opferlicht anzuzünden und es auf dem Kerzenbaum absetzen. Es liegen Gebetstexte ebenso aus wie eine Bibel und ein Herrnhuter Losungsbüchlein. Daneben findet der Besucher ein Gästebuch. Aufgeschlagen ermutigt es, eigene Gedanken und Gebete zu formulieren und festhalten.

← 36
Dank der umsichtigen Restaurierung von 1975 bis 1998 sind alle Schlusssteine des Gewölbes eindrucksvoll in Szene gesetzt.

„Auch soll niemand an den heiligen Feiertagen vor der Messe Branntwein zechen. Wer aber dessen bedarf, mag ihn holen lassen oder einen Trunk oder zwei stehend tun und nach der Bezahlung wieder davon gehen; bei fünf Groschen Strafe."
Stadt-, Gerichts- und Ratsordnung der Stadt Annaberg von 1503

In der ruhigen Gebetsecke kann der Besucher seine Sorgen und Wünsche Gott mitteilen.

Die Altäre

Ungewöhnlich und für Mitteldeutschland einmalig sind die spätmittelalterlichen Altäre, die in St. Annen fast unversehrt erhalten blieben. Neben dem Hauptaltar, der 1516 den Annenaltar ersetzte, sind der Marienaltar der einflussreichen Münzer und Schmelzer (deshalb auch „Münzeraltar" genannt), der „Bergknappschaftsaltar" sowie der „Bäckeraltar" gestiftete Altäre. Sie erinnern an die bedeutendsten Berufsstände und ersten organisierten Innungen der Stadt.

Der Münzeraltar und der Bäckeraltar

Sowohl Münzer- als auch Bäckeraltar werden zumindest in Teilen dem Meister Christoph Walther I. zugeschrieben. Der Münzeraltar wurde zu Ostern 1522 geweiht. Seine Figuren und Figurengruppen stellen der spätgotischen, katholischen Tradition folgend die Gottesmutter in den Mittelpunkt. Der Thesenanschlag Luthers war gerade einmal fünf Jahre her. Die Reformation setzte sich in kurzer Zeit durch, doch alte Traditionen lebten fort. Die in hellen und durchsichtigen Farben gestalteten Bilder in den Flügeln zeigen Szenen aus dem Marienleben. In den Jahren 1960 bis 69 wurde der Münzeraltar restauriert.

In der originalen Farbfassung des 16. Jahrhunderts erstrahlt der Bäckeraltar. Er ist ein Wanderaltar und stand an verschiedenen Punkten in der Kirche. Nach der Restaurierung in den Jahren 1969 bis 1996 hat er seinen Platz gefunden und zeigt im Mittelschrein eine vielfigurige „Beweinung Christi". Auf den Seitenflügeln sind Szenen aus Jesus' Kindheit und die Passionsgeschichte dargestellt, in der Predella – dem Schnitzwerk unterhalb des Altarbildes – ist die Grablegung Christi zu sehen. Die Rückseiten der Flügel zieren Gemälde mit der Verkündigung.

Auf der rechten Seiten des Kirchenschiffes befindet sich der Münzeraltar.

39

Im Mittelpunkt des Münzeraltars steht Maria mit dem Jesuskind, eine Mond-Sichel-Madonna..

→ 41

Auch der obere Teil des aus dem Jahr 1522 stammenden Münzeraltars wurde bis 1969 rekonstruiert. Aus den ursprünglichen Schnitzereien wurden Malereien.

Hinter dem Kruzifix ist der Marientod dargstellt.

→ 43
Im oberen Teil des Münzeraltars halten Engel das Grabtuch Jesu.

43

Rechts vom Eingang steht der Bäckeraltar. Er wurde zur Zeit seiner Entstehung von einem der bedeutendsten Berufsstände der Stadt gestiftet.

→ 45
Die Seitenflügel des Bäckeraltars zeigen Szenen aus dem Leben Jesu.

Das Wappen der Bäcker weist auf die Innung hin, die den Altar stiftete.

→ 47
Der Mittelschrein zeigt die „Beweinung Christi".

47

Der Pflock'sche Altar

Mit dem „Pflock'schen Altar" ist ein Familienaltar in der Annaberger Kirche erhalten. Der einflussreiche Bergwerkseigner und Ratsherr von Annaberg Lorenz Pflock ließ den Altar 1521 in der Kapelle seiner Familie aufstellen. Nur wenige Monate später wurde der reiche Fundgrübner mit Genehmigung des Landesvaters unter seinem Altar bestattet. Dieser zeigt im Mittelbild den Marientod und auf den Seitenflügeln die Heiligen Sebaldus und Valentin. Die Rückseite zieren die Heiligen Jungfrauen Barbara und Dorothea. Die farbstarken Gemälde werden einem Cranachschüler zugeschrieben.

Der „Pflock'sche Altar" ist einer der erhalten gebliebenen Familienaltäre in der Annaberger Kirche.

49

Das linke Detailbild zeigt den Heiligen Valentin, das rechte den Heiligen Sebaldus.

← 50
Im Mittelbild des Pflock'schen Altars ist der Marientod dargestellt.

Der Bergaltar

Sein Name deutet auf seine Herkunft: Die Annaberger Bergleute schenkten diesen Altar der St. Annenkirche. Bezahlt wurde das Auftragswerk, das insgesamt 800 Gulden kostete, durch den so genannten „Büchsenpfennig" oder „Wochenpfennig". Jeder Bergmann spendete pro Woche einen Pfennig seines Verdienstes. Aus dieser Kasse wurde der Altar bezahlt, haben sich die Bergleute noch ihre kleine Kirche St. Marien am Marktplatz bauen lassen, konnten sie ihre Bergprediger anteilmäßig bezahlen und das Armenhaus unterhalten. Der Verdienst eines Bergmanns lag zu jener Zeit bei etwa neun Groschen pro Woche.

Der geschnitzte Marienaltar auf der Vorderseite lässt sich klappen und zeigt dann Darstellungen entsprechend dem Kirchenjahr. Berühmt ist der Annaberger Bergaltar jedoch wegen seiner Rückseite: Die Tafeln zeigen die älteste sächsische Bergbaudarstellung, die Hans Hesse in den Jahren 1521/22 im Stil der niederländischen Tradition malte. Seine Bilder erzählen Geschichten. Eine der wichtigsten ist dabei die Legende von der Entdeckung des Silbererzes. Im Mittelpunkt steht Daniel Knappe. Diesem armen Bergmann, der im dunklen Wald „Miriquidi" erfolglos nach Kupfer und Zinn schürfte, soll im Traum ein Engel erschienen sein, der dem Bergmann zeigte, dass er am Schreckenberg in den Ästen des allerhöchsten Baumes ein Nest mit goldenen Eiern finden würde. Daniel stieg mit der Leiter auf den Baum, suchte und fand nichts. Der Engel erschien ihm im Traum noch einmal und verwies auf die Wurzeln des Baumes. Dort blitzte dem Bergmann schließlich blankes Silber entgegen. Von Jubelrufen angelockt, erreichten Bergleute aus dem gesamten deutschsprachigen Raum Europas die „Neustadt am Schreckenberge", welche sich auf kaiserliches Privileg hin ab dem Jahre 1501 „St. Annaberg" nennen darf. Das „große Berggeschrey" ertönt weithin hörbar. Die Gründungsgeschichte der Stadt Annaberg hat begonnen.

→ 53
Der nördliche Teil des Altarraums wird vom Bergaltar eingenommen. Geöffnet zeigt er geschnitzte Szenen, in deren Mittelpunkt die Heilige Nacht steht.

53

54

Die Detailbilder sind Figuren des Annaberger Bergaltars.

← 54
Das Gesprenge zeigt die Figurengruppe um Jesu am Kreuz mit dem Heiligen Wolfgang, Mutter Maria, Maria Magdalena und Johannes (von links).

Im Mittelpunkt der Rückseite des Bergaltars zeigt Hans Hesse in Dutzenden von Details die Förderung und Verarbeitung des Erzes. Als Betrachter blickt man wie aus einem Fenster auf die Halden, Huthäuser, Kauen. Dazwischen befinden sich Bergleute bei der Arbeit. Sogar eine Frau siebt in einem Wassertrog Gestein, um so das kostbare Erz zu gewinnen. Auf dem linken Flügel sind die Arbeitsgänge in der Schmelzhütte, rechts die in der Münzwerkstatt ausführlich erklärt. Denn der größte Teil des gewonnenen Silbers wurde zu Geld geschlagen. Die Geldstücke hießen – entsprechend ihres Fundortes – „Schreckenberger", wurden aber auch aufgrund der Engelsgeschichte im Volksmund als „Engelsgroschen" bezeichnet. Flotte Sprüche machten die Runde und dürften außerdem viel Wahrheit enthalten haben: „Hast du einen Sack voll Schreckenberger, dann bist du ein reicher Annaberger."

Im geschlossenen Zustand zeigt der Annaberger Bergaltar vier Gemälde mit Bildnissen aus dem Marienleben. Hier ist die Darstellung des Herrn im Tempel, Lichtmess, zu sehen.

← 56
Im unteren Teil des Altars umrahmen zwei Bergleute die Darstellung des Marientods.

Der geschnitze Aufsatz oberhalb des gotischen Flügelaltars ziert die Kreuzigungsgruppe.

Ein Hinweis auf die Stifter des Altars: Ein Bergmann trägt das Knappschaftsschild.

Berühmt ist der Annaberger Bergaltar wegen seiner Rückseite: Auf den Tafeln findet der Betrachter die älteste Darstellung des Bergbaus in Sachsen aus den Jahren 1521/22.

Auf der linken Seitentafel des Bergaltars dominiert eine Schmelzhütte. Die Schmelzer kippen abwechselnd Holzkohle und Erz in den Schmelzofen. Unten läuft flüssiges Silbererz heraus.

← 62
Im Mittelpunkt der Darstellungen von Hans Hesse steht die Entdeckung des Silbererzes durch Daniel Knappe.

→ 64/65
Hans Hesse bebilderte in zahlreichen Details die Förderung und Verarbeitung des Erzes: Knechte arbeiten an einer Haspel (rechts) und sogar eine Frau siebt in einem Wassertrog Gestein (links).

Die Reformation

Sonntag, 4. Mai 1539. Schon in der Morgendämmerung sind die Bewohner der Stadt auf den Beinen. Was an diesem Tag hinter ihrer Befestigung – 19 Türmen und fünf Stadttoren – geschehen wird, findet später seinen Eintrag in den Chroniken. Die Menschen eilen in die Kirche St. Anna, den Bergmannsdom. Die Sonne, die ungehindert durch die hohen, weiß verglasten Fenster dringt, lässt die dreischiffige Halle erstrahlen. Sie fasst mehrere tausend Menschen, die sich stehend unter der Kanzel versammelt habe. Noch befindet sich kein Gestühl im heiligen Raum. An diesem Sonntag bezeugt ein erfahrener Kirchenkenner: Er habe „… sein leblang in einer kirchen nie kein großer volk gesehen vor sich stehen!"

In der zu dieser Zeit modernsten Kirche Sachsens, in der Lieblingsstadt des Landesvaters Herzog Georgs, hält gut 14 Tage nach dessen Tode die Reformation Einzug. Es ist der Sonntag Cantate nach der Tradition des Kirchenjahres. „Singt dem Herrn ein neues Lied!" lautet der Spruch des Tages bis heute. Und dieser Spruch wird an jenem 4. Mai 1539 im Bergmannsdom zu Annaberg gewaltig und eindrücklich gefeiert: Am zentralen Ort inmitten des Kirchenschiffes – an der Kanzel – wird die Freiheit eines Christenmenschen verkündigt. Die erste evangelische Predigt in der Bergstadt verleiht der Bewegung Ausdruck, die unter dem Wort Gottes das Selbstverständnis der Kirche entscheidend erneuern wird. Die Knappen dürfen zwei Jahrzehnte nach der Wittenberger Proklamation Martin Luthers dem „neuen Glauben" folgen. Prominenz hatte sich ebenfalls eingestellt: Herzog Heinrich „der Fromme", aktueller wettinischer Landesherr, war nach Annaberg gereist. Ihn begleitete der ernestinische Herrscher, Johann Friedrich von Sachsen, und angeblich eine Menschenmenge von mehr als 6000 Personen. Sie feiern in St. Annen den Gottesdienst, dessen Predigt und Sakrament, Sündenvergebung sowie Brot und Wein am Altar für den Anbruch einer neuen Kirchenzeit stehen. Ein Hörer unter den Anhängern Luthers ist an diesem Tag auch dessen Vertrauter Philipp Melanchton.

→ 67
Hinter einer kunstvoll geschmückten und mit mehreren Schlössern gesicherten Tür waren einst die Reliquien aufbewahrt.

Die Reliquien

Wie sehr Herzog Georg der Bau seines Bergmannsdoms am Herzen lag, zeigt die Reliquiensammlung, die er für das katholische Gotteshaus zusammen tragen ließ und die es zum Ziel von Wallfahrern machte. Chronisten sprechen gar von den Schulterblättern der Heiligen Anna, die in einer eindrucksvollen Prozession aus dem französischen Lyon ins Erzgebirge gebracht worden sein sollen. Die Annenkirche besaß einhundertzwanzig Reliquien, die in kostbaren Monstranzen und Pacificalen aufbewahrt wurden. Diese sowie zahlreiche Kelche, Patenen, andere gottesdienstliche Geräte und Heiligenfiguren aus Silber, meist vergoldet und mit Edelsteinen besetzt, hatten 1530 ein Gesamtgewicht von „971 Mark und 7 ½ Lot", etwa 224,9 Kilogramm. Nach Einführung der Reformation wurde der größte Teil dieses edelmetallenen Schatzes 1540 eingeschmolzen und vermünzt, die Reliquien Ende des 17. Jahrhunderts an einem geheim gehaltenen Ort vergraben.

Die Schöne Tür

→ 69
Die „Schöne Tür" wurde ursprünglich nicht für die St. Annenkirche geschaffen. Sie stammt aus der Franziskanerkirche des gleichnamigen Klosters in der Stadt.

Die „Schöne Tür" wird dem Meister Hans Witten zugeschrieben.

Neben dem Bau seines Bergmannsdoms schenkte der Landesvater Herzog Georg auch dem Ausbau des Annaberger Klosters großes Interesse. Im Jahre 1502 wurde es gegründet. Es bestand jedoch nur wenige Jahre, denn nach Einführung der Reformation verließen die Mönche die Stadt, und das Kloster wurde aufgelöst. 1604 brannte das Gebäude ab und verfiel in den folgenden Jahrzehnten zusehends. Heute erinnern an das einstige Franziskanerkloster nur noch einige Mauerreste der Klosterkirche. Erhalten blieb die Bibliothek des Klosters. Der Bestand wurde 1539 dem Rat der Stadt Annaberg übergeben, der ihn ein Jahr später der St. Annenkirche überließ, die ihn 1558 der städtischen Lateinschule zur Verfügung stellte. Nach dem Zweiten Weltkrieg gelangten die Bände wieder zurück in die Kirchgemeinde. Sie machen heute etwa ein Fünftel des Bibliotheksbestandes der St. Annenkirche aus.

Darüber hinaus stammt die auf das Jahr 1512 datierte und mit den Initialen „HW" versehene „Schöne Tür" aus dem Kloster. Nach Auflösung des Klosters wurde die Pforte nach St. Annen versetzt. Dies verfügte der Rat der Stadt im Jahr 1577 und beauftragte den Freiberger Steinmetz und Bildhauer Andreas Lorentz mit der Umsetzung des Portals an die äußere Südwand der Annenkirche. 20 Jahre später drehte man die „Schöne Tür" ins Innere, um sie vor Witterungseinflüssen zu schützen.

Die „Schöne Tür" ist im Kern ein Werk des Meisters Hans Witten. Wer davor steht, sieht Gottvater, wie er, vom Leid gezeichnet, das Kreuz Christi in einer Hand hält und es mit der anderen segnet. Auf dem Kreuzbalken sitzt die Taube, Zeichen für den Heiligen Geist. Diese Dreieinigkeit verehren

Im Mittelpunkt des Türbogenfeldes steht Gottvater, der seinen Sohn segnet.

die aufschauenden Chöre der Engel. Oben, auf dem Sims, befindet sich Mose mit den Gesetzestafeln, ihm gegenüber ist Johannes der Täufer mit dem Evangelium in der Hand zu sehen, auf dem das Lamm Gottes ruht: Gnade wird verschenkt. Man kann sie nicht kaufen. Denn Christus allein hat den Sündenfall geklärt. Dabei hat er sein diesseitiges Leben gelassen.

Gott Vater hält Jesu am Kreuz, rechts auf dem Balken sitzt die Taube, Symbol des Heiligen Geistes.

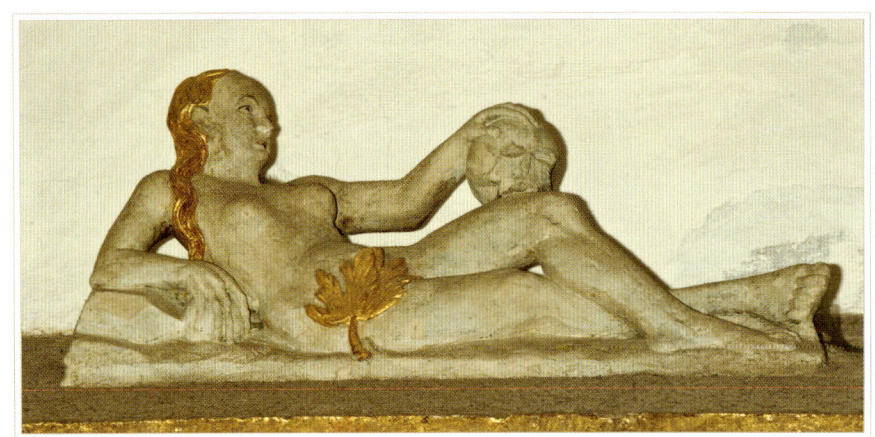

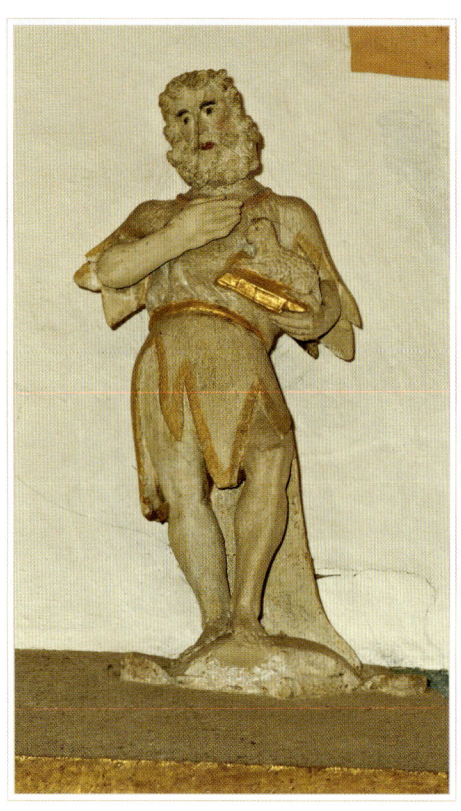

Auf dem Abschlusssims der „Schönen Tür" sind Adam und Eva sowie Moses und Johannes abgebildet: Sündenfall und göttliche Erlösung werden einander gegenüber gestellt.

Der Pelikanvater in der Mitte zwischen Mose und Johannes erhält seine drei Küken am Leben, weil er sich in die eigene Brust hackt, um seine Nachkommen zu nähren. Die „Schöne Tür" erweckt mit dieser Darstellung die Mythologie zum Leben, der zufolge der Pelikan zur Aufzucht der Jungen sich selbst verletzt und mit dem eigenen Blut das Leben des Nachwuchses sichert – ein Bild für die sich selbst aufzehrende Nächstenliebe. Adam und Eva sind mit einem Totenschädel dargestellt – er mit dem Stundenglas in der Hand, durch die die Lebenszeit unaufhörlich rinnt. Die beiden verkörpern die Menschen. Denn das Bild macht bewusst, dass Zeit begrenzt ist. Der Engel, der senkrecht herab geflogen kommt, schaut dem Betrachter ins Gesicht, wenn man genau unter der Tür steht. Seine Haltung und sein Blick sagen: „Ich bin Gottes Bote, seine Gnade und seine Liebe sollen dir gehören, Friede sei mit dir."

Unterm Dach tragen Engel die Marterwerkzeuge der Passion, auf dem Dach Mose, Eva, Adam und Johannes (von links).

Der Weg zur Häuerglocke

Der Turm

Türme sind die Wahrzeichen eines Ortes und einer Kirche. Sie weisen zum Himmel. Das Äußere der St. Annenkirche wird vor allem von ihrem fast achtzig Meter hohen St. Annenturm bestimmt.

Das Grundmauerwerk, das Fundament des Chorbereiches und der Hallenbau von St. Annen waren im Jahr 1502 so weit gediehen, dass im April die Grundsteinlegung für den Turm erfolgen konnte. 1513 war er bis auf Höhe des Rundganges empor gemauert und erhielt an dieser Stelle einen hölzernen, mit Schindeln gedeckten Turmaufbau, in dessen Innerem drei Jahre später ein Glockenstuhl errichtet und die Glocken eingehängt wurden.

Sein heutiges Aussehen hat der Turm seit dem Stadtbrand von 1813: In den Morgenstunden des 7. März tobte ein Wintergewitter über der Stadt. Drei Blitze entzündeten die obere Haube des Turmes, Funken flogen. Der tosende Sturm fachte die kleinen Flammen zu einem heftigen Brand an, das Holzwerk des Turmes stürzte in sich zusammen. Einem Schneesturm gleich stoben Feuerfunken durch die Stadt. Bei Tagesanbruch war das ganze Ausmaß des Brandes zu erkennen. Noch 14 Tage und Nächte lang mussten immer wieder aufschlagende Flammen gelöscht werden. Das Kirchengebäude blieb bewahrt, der Turm aber war bis auf das Mauerwerk zerstört. Mit ihm die Glocken, deren Metall beim Schmelzen in grünlich-bläulicher Farbe herab geflossen sein soll.

Drei Blitze entzündeten im Jahr 1813 die Turmhaube und entfachte damit einen Brand der Häuser am Schutzteich. Die Chronik berichtet von einem „schaurig schönen Schauspiel". Blitzeinschläge sind auch in heutiger Zeit nicht selten, ihre Auswirkungen nicht mehr so verheerend.

174 Stufen sind zu erklimmen, bevor die grandiose Aussicht vom Rundgang des Turms für die Mühen des Aufstiegs entlohnt.

Trotz Mangel an Geld wurde mit dem Wiederaufbau des Turms sofort begonnen. Die Arbeiter, die an dem Bau beteiligt und größter Gefahr ausgesetzt waren, fühlten sich von Gott geschützt. Besonders abenteuerlich war es, der Turmhaube Knopf, Kreuz und Kranz aufzusetzen. Materialwarenhändler Gottfried Scheffler überliefert in seinen Erinnerungen folgende Beobachtung aus dem Jahr 1814: „Auf diesem freistehenden, schwankenden Balken stiegen die Werkleute, Schieferdecker Hirth, Zimmermeister Thaten und Maurermeister Schreiter empor. Der Schieferdecker richtete den durch einen Kran über die eiserne Spindel emporgehobenen Sockel. Auf dieselbe Weise folgten der Knopf, das Kreuz und der Kranz mit den Fangstangen. Nachdem dieses so höchst gefährliche Werk glücklich fertig gestellt worden war, stieg der Schieferdecker empor, stellte sich mit dem rechten Fuß auf den Knopf und mit dem linken auf einen der Pflöcke, erfasste mit der linken Hand den Balken und hielt nach vorangegangenem geistlichen Gesang eine Rede. Nach Beendigung derselben reichte ihm Thaten ein Glas mit Wein. Hirth trank auf die Gesundheit und warf dann das Glas über sich." „Ich habe selbst mit Angst und Bangen mit angesehen, wie Zimmermeister Thaten auf einem Balken, der sehr weit ins Freie hinausgerichtet war, frei stehend aus der Schnapsflasche trank, sich die Tabakspfeife stopfte, Feuer schlug, die Pfeife anzündete, nach einigen Zügen diese ausklopfte und dann ebenso aufrecht in den Turm zurückging… Thaten, welcher so viele Gefahren glücklich überstanden hatte, fiel später von einem ganz niedrigen Gerüst herab auf einen Düngerhaufen, brach das Kreuz und fand sein Ende." Am 26. Oktober 1814 wurden die drei neuen Glocken in ihren fertig gestellten Glockenstuhl gehievt.

Die Ausblicke

← 77
Die Mitglieder des Fördervereins zur Restaurierung des Kirchturmes der St. Annenkirche Annaberg-Buchholz gewährleisten die Öffnungszeiten zur Besteigung des Turms.

Vom 78 Meter hohen Turm der St. Annenkirche genießt der Betrachter einen Ausblick auf die malerische Landschaft ringsum und die Stadt zu seinen Füßen. 174 Stufen sind zu erklimmen, bevor die grandiose Aussicht für die Mühen des Aufstiegs entlohnt. Seit 1995 ist der Turm für die Öffentlichkeit zugänglich. Möglich wurde dies durch die Sanierung der Stufen (1988), das Anbringen eines neuen Geländers am Rundgang (1989) und nicht zuletzt durch engagierte Mitglieder des Fördervereins zur Restaurierung des Kirchturms der St. Annenkirche. Der 1995 gegründete Verein hat es sich zur Aufgabe gemacht, den Turm kulturhistorisch und touristisch interessierten Besuchern dauerhaft zugänglich zu machen. Seinem Wirken ist es weiterhin zu verdanken, dass die seit Dezember 1995 verwaiste Wohnung im Turm rekonstruiert wurde und mit Marit und Matthias Melzer eine neue Türmerfamilie einzog.

Beim Aufstieg zum Rundgang kann der Besucher geschichtlich wertvolle Dokumente und Sachzeugnisse betrachten. Die Ausstellung „Was der Türmer früher sah" zeigt anhand historischer und aktueller Karten die Entwicklung der Stadt Annaberg über die Jahrhunderte. Auf Höhe des Rundganges befinden sich die mächtigen Glocken. Darüber hinaus gibt es eine Dokumentation, die das Leben der Türmerfamilien auf dem St. Annenturm belegt. Alljährlich zum Tag des offenen Denkmals bietet sich die seltene Gelegenheit, einen Blick in den riesigen Kirchenboden zu werfen.

Blick vom Turm: Die Wiege der Stadt Annaberg ist der Schreckenberg. An seinem Fuße liegt der Stadtteil Frohnau.

Die Legenden

Einer Sage nach musizierte die Kurrende auf dem Rundgang. Von oben herab erklangen Lieder, als eine Windböe den Chormantel eines Sängers erfasste und ihn über die Brüstung warf. Dank einer glücklichen Fügung wirkte der Mantel weit ausgebreitet wie ein Fallschirm, der den Jungen wohl behalten auf der Erde landen ließ. Einige Zeit später wollte ein anderer Knabe dies nachmachen. Er hatte weniger Glück und schlug hart auf dem Kirchplatz auf. Das dort gepflasterte, rote Kreuz soll an dieses Ereignis erinnern.

Die wahre Bedeutung des Kreuzes ist jedoch eine andere: Am Unteren Kirchplatz befand sich in direkter Nachbarschaft zu St. Annen ihr Friedhof, auf dem bis ins Jahr 1507 bestattet wurde. Am Friedhof, der von einer Mauer eingesäumt war, befand sich der Pranger der Stadt. Genau an diese Stelle wurde später das Kreuz gepflastert. Leider zeigt es heute nicht die genaue Stelle des Prangers. Denn bei Pflasterarbeiten am Unteren Kirchplatz und der Großen Kirchgasse im Jahr 1993 wurde das Kreuz nicht an seine historische Stelle gesetzt. Ursprünglich befand es sich ein Stück weiter oben.

1548 wurde der Friedhof abgegraben und eingeebnet, die Gebeine auf den neuen Friedhof umgebettet, der sich an der Trinitatiskirche befand. Der Platz an der St. Annenkirche wurde gepflastert und diente als Brotmarkt. Hier wurden auch wichtige Bekanntmachungen des Landesherrn an das Volk weiter gegeben.

Die Rekonstruktion des Turms

Das Mauerwerk des Kirchturmes und der Kirche hatte in früheren Zeiten Außenputz, um den Turm gegen die Einflüsse von Wind und Wetter zu schützen. Adam Daniel Richter erinnert in seiner Chronik von 1746: „...den Kalck hat man, die Mauer zu bewerffen, daß es gegen das Wetter halten, und nicht abfallen soll, mit Rinds-Blut und mit Milche eingemacht."

Als besonders verhängnisvoll für die dauerhafte Erhaltung der Bausubstanz wird die Abnahme des Außenputzes während der Restaurierung des Gotteshauses in den Jahren 1927/28 eingeschätzt. Darüber hinaus verfugte man die Bruchsteine mit zementartigem Mörtel. Ihrer Schutzhülle beraubt, dringt nun Wasser in das Gestein und zerstört es.

Vor diesem Hintergrund stehen im Jahr 2011 umfangreiche Arbeiten am Turm an, die zur Sicherung und Erhaltung der Bausubstanz erforderlich sind. Eine wesentliche Aufgabe dabei ist die Abdichtung des Mauerwerks. Darüber hinaus muss der Turmrundgang dauerhaft abgedichtet werden, weil über ihn permanent Wasser ins Innere eindringt. Alle Arbeiten erfolgen unter dem Aspekt, auch künftig den Turm und seinen Rundgang zur öffentlichen Besichtigung freizugeben.

> *„Der gantze Bau der Kirche und des Thurms, nur bloß das Mauerwerk, soll zwey Tonnen Goldes gekostet haben. Andere erzehlen, daß die Kirche, sammt dem Gewölbe, ohne das Gemählde und Schilde, 209000. fl. Gekostet."*
> nach Adam Daniel Richter, Rektor der Annaberger Lateinschule und Historiker in der Mitte des 18. Jahrhunderts

Nach einer alten Überlieferung entspricht „eine Tonne Goldes" einem Wert von hunderttausend Gulden. Die Finanzierung dieser Baukosten erfolgte durch fürstliche Beteiligungen, durch Einkünfte aus Berganteilen (Kuxen) sowie aus Wallfahrten nach Annaberg, durch Kollekten und Spenden und nicht zuletzt durch einen auf fünfundzwanzig Jahre festgelegten Ablass, den Papst Leo X. am 23. Juni 1517 angeordnet hatte. Dieser Ablass wurde durch die Annen-bruderschaft verwaltet. Als der fast fertige Kirchenbau zum Fest der Heiligen Anna, am 26. Juli 1519, im Beisein Herzog Georgs vom Bischof von Meißen geweiht wurde, ermahnte der Landesvater sein Volk, reichlich Almosen zum Bau der Kirche zu geben. Zu diesem Zwecke ließ er im Gotteshaus einen großen, hölzernen Kasten aufstellen. In ihm werden auch heute noch Spenden der Gemeindeglieder und Gäste gesammelt.

> Versuchter Überfall auf die Kirchenwächter 1511:
> *Zum Schutz vor Überfällen hatte die Kirche zur Zeit ihrer Erbauung eine Wache. Das Baumaterial musste gesichert werden. Im Kirchenbau wurden bereits Messen gelesen und es gab schon den Altar der Annenbruderschaft, den es zu beschützen galt. Nicht zuletzt brannte nachts eine Kerze auf einem großen eisernen Leuchter. Auch sie galt es zu schützen, damit von ihrer Flamme kein Unheil für Baustelle und Stadt ausging. Dennoch berichtet die Chronik von Peter Lebe, Sohn von Hans Lebe, der gemeinsam mit einem Kumpan auf dem Kirchhof gelauert hat. Als die Wächter die beiden ansprachen, schlugen und stachen diese auf die Posten ein. Die Wachen konnten sich wehren und die Täter verjagen, die „bis zum heutigen Tage flüchtig" sind.*

Die Türmerfamilie

Der Türöffner summt. „Bis gleich!" Zwischen dieser freundlichen Aufforderung und dem herzlichen Händedruck mit Marit Melzer liegen 211 Stufen und gefühlte 30 Minuten. Der Puls klopft im Hals, der Atem geht schwer – in Wirklichkeit sind kaum vier Minuten vergangen, bis sich die Wohnungstür in etwa 42 Meter Höhe im Turm der St. Annenkirche öffnet.

Der erste Weg eines jeden Besucher führt ans Fenster. Ausgebreitet liegt die Stadt zu Füßen, die zahllose, funkelnde Lichtergrüße in die Nacht schickt. Das Ehepaar hoch oben im Turm der St. Annenkirche kann sie auffangen. Allerdings ist gerade im Advent dafür bei den drei Melzers wenig Zeit. „Die Adventszeit ist in unserer Familie geprägt von zahlreichen Proben, vielen Gruppenführungen und der familiären Organisation des Ganzen", sagt Marit Melzer und lacht. Die 39-Jährige kümmert sich in erster Linie um die Turmbesucher. Knapp 20 Führungen zählt sie jedes Jahr im Advent. Mit Herz und Wissen führt die Annabergerin die Gäste hinauf bis zum Rundgang. Je nachdem, wie viel Zeit die Besucher mitbringen, zeigt sie ihnen auch den Kirchenboden oder steigt mit ihnen bis zur Häuerglocke hinauf.

Für zusätzliche Proben von Kurrende, Chor, Krippenspiel und Orchester müssen alle Melzers die Wohnung in 42 Meter Höhe verlassen. „Aber wir können mit Hausschuhen in die Kirche gehen, und uns interessiert es dann nicht, wie das Wetter draußen ist", sagt Matthias Melzer. Er übernimmt noch zusätzlich Dienste an der Walcker-Orgel zu Gottesdiensten im Advent und den stündlich stattfindenden Kirchenführungen. Auf ein Weihnachten in trautem Familienkreis muss die Türmerfamilie ein bisschen länger warten als manch andere. „Der Heilig Abend ist ab Mittag geprägt von unseren Auftritten in den Christvespern und vom Läuten", so der Türmer. Allein drei Christvespern in St. Annen wollen ein- und ausgeläutet werden. Zwar nicht mit Hand, sondern per Druckknopf – doch auch der muss betätigt und die Türen in alle vier Himmelrichtungen geöffnet werden, so dass der Ruf der Glocken weit ins Land dringt. Erst, wenn sich diese Türen am Heilig Abend gegen 19 Uhr schließen, stellt sich bei den Melzers die Weihnachtsfreude ein. Bevor es ans Bescheren geht, gibt es gegen halb acht traditionell Gans und „griene Kliess".

→ 84
Beim Aufstieg zum Rundgang kann der Besucher geschichtlich wertvolle Dokumente und Sachzeugnisse betrachten.

Die Geschichte der Annaberger Türmer reicht bis ins Jahr 1533 zurück. Damals, zur Fertigstellung, bezog die erste Familie den Turm. Seit Februar 1999 ist es Familie Melzer, die die 80 Quadratmeter große Wohnung in 42 Meter Höhe bewohnt. Auch die 211 Stufen halten die junge Familie nicht davon ab, bis zu fünf Mal am Tag rauf- und runter zu laufen. Die Melzers sind das 20. Türmerpaar von St. Annen und Deutschlands einzige Türmer, die noch ganzjährig das Turmleben auf sich nehmen. Zu ihren Aufgaben gehören das tägliche Aufziehen der Turmuhr, die Pflege des Turmes und der Glocken und das Läuten der Glocken zu Gottesdiensten und besonderen Anlässen wie Taufen, Trauungen und Goldenen Hochzeiten. Bis zu 400 Mal im Jahr dringt das Geläut der knapp 200 Jahre alten Glocken durch die Schalltüren des Turmes nach draußen. An den Strängen ziehen die Türmer heute nur noch zu besonderen Anlässen, beispielsweise zu Silvester oder wenn die Technik versagt. Seit 1939 ist das Geläut elektrifiziert, die Knöpfe im Schaltkasten kann schon der achtjährige Toni Melzer drücken. „Wir haben nie bereut, so hoch über den Dächern zu wohnen", sind sich Marit und Matthias Melzer einig. „Das Treppensteigen hält fit. Wir würden uns immer wieder so entscheiden."

Marit, Toni und Matthias Melzer (von links): Die Türmerfamilie lebt seit 1999 hoch über den Dächern der Stadt.

Der fast 80 Meter Meter hohe Turm der St. Annenkirche war 13 Jahre lang baupolizeilich gesperrt. 1992 wurde eine erste, dreitägige Sonderöffnung möglich.

→ 87
Jährlich bietet die Türmerfamilie Attraktionen für Besucher: Am Tag des offenen Denkmals ist es den Gästen möglich, den Turm bis in die Laterne zu besteigen und den Kirchenboden zu betreten.

Der Dachstuhl

Der Dachstuhl besteht aus einer Bohlenbinderkonstuktion. Balken von 27 Metern Länge überspannen die Breite des Kirchenschiffes. Auf das Mauerwerk wurde 1513 der kielbogenförmige Dachstuhl aufgesetzt, ein Jahr später das Dach verschalt, mit Kupferplatten bedeckt und der Turm fertiggestellt. Das ursprüngliche Kielbogendach wurde beim Stadtbrand 1604 zerstört. Beim Bau des Dachstuhles 1607/08 bekam St. Annen ihr Satteldach.

Zwischen 1996 und 2003 wurde unter Berücksichtigung denkmalpflegerischer Aspekte das gewaltige Dachwerk untersucht und saniert.

Die Glocken

Kirchtürme sind die Glockenträger, und die Glocken sind die Rufer der Gemeinde. Sie laden die Menschen zu Gottesdiensten, zur Andacht, zum Gebet ein. Ihr Klang begleitet unter anderem Taufen, Eheschließungen und Konfirmationen. Sie erklingen zu Festlichkeiten und läuten Feiertage ein. Auch wenn ihr Ruf bei drohender Gefahr oder Brand nicht mehr ertönt, gehört das Läuten am Morgen und Abend nach wie vor zu ihren Aufgaben.

St. Annen verfügt über fünf Glocken. Im Laufe der Jahrhunderte existierten mehrere Geläute. Das erste vollständige Geläut erhielt das Gotteshaus in den Jahren 1511 bis 1516. Es existierte bis zum Stadtbrand 1604, bei dem der Glockenboden und das Geläut den Flammen zum Opfer fielen. Das zweite Geläut begleitete die Bewohner der Stadt bis in jene verhängnisvolle Winternacht im März 1813, als ein Blitz in den Turm einschlug und die Glocken durch die Hitze des Brandes schmolzen.

Seither hängt im St. Annenturm das dritte Geläut. Den Auftrag zum Guss von vier in Moll gestimmten Bronzeglocken erhielt damals die Königliche Stück- und Glockengießerei Friedrich August Otto in Dresden. Wie es sich jahrhundertelang bewährt hatte, fand das neue Geläut in einem Holzglockenstuhl Platz, aufgehängt im Herbst 1814 an geraden Holzjochen. Der Kirchenvorstand entschloss sich 1890 für eine komplette Umhängung der Glocken in der Glockenstube. Der folgenschwere Eingriff in die Glockensubstanz und ihre Läuteweise führte in den zurück liegenden Jahrzehnten zu schweren Schäden am Tragwerk und am Geläut selbst. Während des Kriegsjahres 1942 mussten die große und die kleine Glocke (Glocke I und Glocke III) sowie die in der Turmlaterne befindliche Häuerglocke für Kriegszwecke im Deutschen Reich abgeliefert werden. Die Glocken I und III wurden 1946 im Hamburger Sammellager aufgefunden und kehrten im Sommer 1948 nach Annaberg zurück. Möglicherweise trugen beide durch Transport und Aufbewahrung im Sammellager Schäden davon, nachweisbar ist eine mehrere Zentimeter große Ausbruchsstelle am Schlagring der Glocke III.

Türmer Matthias Melzer hat das mechanische Turmuhrwerk wieder instand gesetzt.

Durch die Kriege in den vergangenen Jahrhunderten sind nur sehr wenige Glocken in sächsischen Kirchen erhalten. Vor diesem Hintergrund sind die in St. Annen von besonderer denkmalpflegerischer und künstlerischer Bedeutung. Sie gehören zu den 30 sächsischen erhalten gebliebenen einheitlichen Bronzegeläuten mit drei oder mehr Glocken ein und desselben Gießers. Auf Grund ihres Gewichts handelt es sich bei den Exemplaren von St. Annen um ein ziemlich imposantes Geläut. Die große Glocke wiegt 2928 Kilogramm, gefolgt von der mittleren mit 1566 und der kleinen mit 664 Kilogramm.

Um das historisch wertvolle Trio von Friedrich August Otto dauerhaft zu erhalten und um die Glocken ein optimales Klangbild entfalten zu lassen, werden in den Sommermonaten 2011 zahlreiche Arbeiten am Turm, am Geläut, am Glockenstuhl, am Mauerwerk und am Turmrundgang durchgeführt. Wesentliche Ziele dabei sind die Sicherung des geschichtsträchtigen Bauwerks, die Wiederherstellung des Originalklangbildes des Geläuts, eine verbesserte Statik, die Rekonstruktion der Glockenstube und die Abdichtung des Bauwerks. Für die Restaurierung der Glocken werden diese abgehängt und in eine Glockenschweißerei transportiert.

Hatte die Türmerfamilie in früheren Jahren umfangreiche Aufgaben, obliegt dem Türmer heute in ehrenamtlicher Arbeit die Pflege der Glocken sowie das Einhalten der Läuteordnung. Zu besonderen Höhepunkten läuten die Helfer des Turmfördervereins mit Hand, hier Marit Melzer.

Die Häuerglocke

Die Häuerglocke hoch oben in der Turmhaube gehört zwar nicht zum eigentlichen Geläut von St. Annen, ihr oblag aber eine wichtige, historisch überlieferte Aufgabe: „Dieses Glöcklein wird durchs gantze Jahr alle Tage, denen Bergleuten zur Nachrichtung, ein und auszufahren, …geläutet…". Wenn ihr Ruf einst erschallte, mussten die Bergleute aufstehen und sich auf den Weg zur Schicht machen. Diese wichtige Aufgabe erklärt, warum die Häuerglocke nur kurze Zeit nach dem Brand 1604 wieder neu gegossen und behelfsmäßig aufgestellt wurde.

Auch beim Brand von 1813 wurde die kleine Glocke aus der Haube vernichtet. Die 1814 in Dresden gegossene Häuerglocke hatte ein Gewicht von sechs Zentnern, sie war auf den Ton B gestimmt und traf bereits zwei Monate vor dem neuen Geläut-Trio in Annaberg ein. Dort wurde sie sogleich geweiht und verrichtete ihren Dienst: Sie läutete früh, 4 Uhr, mittags, 12 Uhr, und abends, 20 Uhr. Im Jahr 1917 betraf die Verordnung über die Abgabe von Glocken als Kriegsmetall auch die Häuerglocke in St. Annen. Sie wurde im August 1917 vom Turm genommen und zum Einschmelzen abgeliefert.

Der Kirchenvorstand fasste 1922 den Entschluss, eine neue Häuerglocke zu beschaffen. Sie wurde noch im selben Jahr in Auftrag gegeben, im September 1922 aufgezogen und das erste Mal geläutet. Während des Zweiten Weltkrieges wurde unter dem Abschiedsläuten der mittleren Glocke auch die Häuerglocke aus dem Turm von St. Annen abgenommen und zum Sammelplatz gebracht. Wenig später verlud man das beschlagnahmte Metall auf einen Eisenbahnwaggon, der Annaberg mit unbekanntem Ziel verließ und die Häuerglocke unwiederbringlich abtransportierte.

Seit 2001 befindet sich eine neu gegossene Häuerglocke in der Turmhaube. Die Finanzierung der Kosten von damals rund 32.000 DM brachte der Förderverein zur Restaurierung des Kirchturms der St. Annenkirche auf. Der Guss erfolgte am 30. August 2001 in der Gießerei Rudolf Perner in Passau, Weihe und Aufzug fanden im September statt. Seither läutet sie als Betglocke montags bis samstags 7 Uhr, 12 und 18 Uhr.

← 92
Das Geläut von St. Annen stammt von 1814. In allen drei Glocken sind noch die angebrachten Kennzeichnungen vorhanden, die sie 1942 für die Abgabe zu Kriegszwecken erhielten.

Bilderbibel und Emporenreliefs

Die Emporenreliefs

An der Emporenbrüstung von St. Annen bleibt das Auge hängen. Es hat viel zu entdecken und braucht Zeit zum Verweilen. Schließlich sind an der Empore verschiedene Bilderbücher aufgeschlagen. Das schönste unter ihnen ist wohl die Bilderbibel, das amüsanteste die Darstellung der Lebensalter von Mann und Frau. Ein Emporenrelief zeigt einen Baumeister, vermutlich Jakob von Schweinfurt, mit dem Spruchband: „1499 ist gelegt das Fundament. 1525 ist das Werk vollendet."

Die in den Feldern des Kanzelkorbes, über dem Türsturz und in den Feldern des Emporenzyklus befindlichen Skulpturen schuf der Freiberger Bildhauer Franz Maidburg.

Die Bilderbibel

→ 97

Die ersten Menschen werden von Gott ins Paradies mit dem Apfelbaum geführt.

Jedes Skulpturenwerk von Franz Maidburgs „Steinerner Bilderbibel" beinhaltet eine eigene Predigt. Maidburgs Werkstatt und weitere Künstler schufen in zweieinhalb Jahren 100 Tafeln. Ein unbekannter Maler setzte die Szenen in Farbe. In den in Hilbersdorfer Porphyr gehauenen Bildern erzählt der Freiberger die Schöpfungsgeschichte von der Erschaffung der Welt über Szenen aus der Urgeschichte, das Leben Jesu Christi und die Martyrien der Apostel bis hin zum Weltgericht.

Der Bilderzyklus beginnt mit der Erschaffung von Himmel und Erde und der Erschaffung der Frau aus der Rippe des Mannes. Die kühne Bildersprache erzählt: Einer ist ein Teil des anderen, das Leben des einen ohne den anderen nicht vorstellbar. Der Lebensraum „Paradiesgarten" ist von Gottvater wunderbar vorbereitet. Nur ein Tabu besteht: „Esst nicht vom Baum der Erkenntnis." Doch die Schlange verführt den Menschen, die Grenze wird überschritten, ein Riss tut sich auf, den die Bibel „Sünde" nennt. Das Gottesverhältnis ist gestört. So bleibt es bis zu jener besonderen und heiligen Nacht, als Gott in seinem Sohn Jesus Christus den Menschen mit sich versöhnt. Was in einem Stall geschieht, bleibt nicht unbemerkt: Die ersten Vertreter anderer Völker nehmen Notiz von dem Ereignis. Die Mächtigen trachten bereits dem Säugling nach dem Leben. Eltern und Kind fliehen nach Ägypten. Als Zwölfjähriger sitzt Jesus im Tempel und führt mit den Gelehrten religiöse Fachgespräche. Im Jordan getauft, in der Wüste vom Teufel versucht, auf dem Berg ins Licht Gottes eingehüllt, wirkt er in Galiläa und Judäa als Lehrer und Prophet, arbeitet als Arzt und Therapeut, scheut Auseinandersetzung nicht, sitzt mit den Ausgegrenzten an einem Tisch. Jesus lebt Liebe und Frieden. Er überwindet Hass und Tod. Mit seinen Freunden hält er am Abend vor seinem Tod eine letzte gemeinsame Mahlzeit. Dann wird er in Jerusalem verhaftet. Er weiß, dass er diesen Weg gehen muss. Jesus stirbt als Gekreuzigter.

← 98
Seit dem Brudermord ist der Friede mit Gott zerstört, gibt es auch Krieg mit dem Mitmenschen.

„*Und sie gebar ihren ersten Sohn und wickelte ihn in Windeln und legte ihn in eine Krippe.*" *(Lukas 2,7)*

Die Taufe Jesu.

Jesus selbst wäscht seinen Jüngern die Füße, nachdem er die Oberkleider abgelegt und sich mit einem Leinentuch umgürtet hat.

Jesu sorgt dafür, dass die Freude eines Hochzeitsfestes nicht unterbrochen wird.

Die Darstellung von Jesus Christus am Kreuze teilt die Bilderbibel. Sie ist die größte Skulptur der Empore und gleichzeitig Ankommens- und Endpunkt für den Besucher. Denn wer in die St. Annenkirche hineingeht, betritt unter dem Kreuz den heiligen Raum. Beim Hinausgehen verlässt er ihn auf diesem Weg.

Seine Freunde nehmen Jesus vom Kreuz, salben den Leichnam. Aber der dritte Tag verändert alles. Jesus ersteht von den Toten auf. Bis zu seiner Himmelfahrt zeigt er sich zum Beweis seiner Lebendigkeit seinen Jüngern. Schließlich erhalten zu Pfingsten die, die seine Sache weitertragen wollen, die unsichtbare Kraft des Heiligen Geistes.

Im zweiten Bilder-Buch schildert Franz Maidburg den Tod, das Begräbnis sowie die Himmelfahrt Marias. Darauf folgen die Schicksale der Märtyrer. Menschen, die, wie der Apostel Paulus, die Jünger Petrus, Johannes und Jakobus, ihr Leben wegen des Bekenntnisses zu Gott gelassen haben. Mit der Relieftafel, die den Tod Johannes des Täufers zeigt, schließt der Zyklus der Glaubenszeugen und Heiligen ab. Auf der letzten Seite der Bilderbibel stehen sich angesichts des Weltgerichtes die ewige Seligkeit sowie die unendliche Verdammnis gegenüber: Himmel und Hölle.

Jesus Christus am Kreuz: Wer in die St. Annenkirche betritt, geht unter dem Kreuz in den heiligen Raum.

104

Die Lebensalter

Ein verschmitztes Lächeln entlocken die Emporenreliefs der „Lebensalter" den Besuchern. Die weltlichen Darstellungen in den Brüstungen der nördlichen und der südlichen Empore weisen auf die menschliche Vergänglichkeit, aber auch auf des Menschen Eitelkeiten hin. Die „Lebensalter" stammen ebenfalls aus der Werkstatt des Bildhauers Franz Maidburg. Vom 10. bis zum 100. Gedenktag der Geburt stehen hier Männer und Frauen einander gegenüber. Sie sind ihrem jeweiligen Lebensalter entsprechend gekleidet, tragen etwas Typisches in der einen Hand und halten mit der anderen ein Wappenschild mit aufgemaltem Tier. Durch dieses erfährt der Betrachter etwas über die Art und Weise, wie Menschen durchs Leben balancieren: Eine Elster für die 30-Jährige, einen Esel für den 90-Jährigen, der Pfau für die 40-Jährige und der Fuchs, der dem 50-Jährigen zugeordnet ist. Am Ende wartet auf auf beiden Seiten der Tod. Der Mensch ist krumm geworden. Seine Augen trübe. Die Lebenszeit geht vorüber. Weisheit in zwanzig Bildern aus der Hand eines Meisters vor 500 Jahren.

Mit Augenzwinkern schauen wir auf die Bilder und versuchen, sie nach heutigem Verständnis zu deuten. Eines ist gewiss: Sie geben einen Einblick in die Mode des 16. Jahrhunderts. Es ist anzunehmen, dass dem Künstler Annaberger Menschen als Modelle für die Relieffiguren dienten.

Der das Stadtbild beherrschende, kathedrale Bau war zur Zeit seiner Erbauung Anziehungspunkt für zahlreiche, zum Teil sehr bedeutende Künstler. Ihr Wirken ist erhalten und heute noch deutlich sichtbar. Einer unter ihnen war der Freiberger Franz Maidburg. Im Jahr 1515 wurde er als Bildhauer eingestellt. In St. Annen befindet sich der Hauptteil seines erhalten gebliebenen Gesamtwerkes. Es umfasst 109 Reliefs und acht Löwenköpfe. Die religiösen Darstellungen der Felder an der Emporenbrüstung lassen die Kenntnis graphischer Vorlagen, vor allem die Kupfer- und Holzstiche von Albrecht Dürer, aber auch Bibelwissen erkennen. Bleibt die Frage, wer die Auswahl der darzustellenden religiösen Szenen traf? Zu vermuten ist, dass dies nicht in Maidburgs Ermessen lag. Vielmehr ist anzunehmen, dass diese Auswahl von der Geistlichkeit oder unter dem Einfluss Herzog Georgs getroffen wurde.

← 104
Die Lebensalter. Die 10-Jährige hält eine Puppe in der Hand und trägt die Wachtel im Wappen, die 20-Jährige schmückt sich mit Brautkranz und Taube.

→ 106
Die 30-Jährige schaut sich im Spiegel an, eine Elster ziert das Wappen. Die 40-Jährige hält den Schlüsselbund fest in der Hand, ihr Tier im Wappen ist der Pfau.

→ 107
Die dargestellten Lebensalter von Mann und Frau geben dem Betrachter Auskunft über Charaktere der Menschen.

→ 108
Der 40-Jährige hält das Schwert in der Hand. Ihm zur Seite steht der Löwe. Der 50-Jährige präsentiert sich mit dem Regentenstab, sein Wappentier ist der Fuchs.

→ 109
Bevor den Hundertjährigen der Sensenmann holt, ist der 90-Jährige mit Esel und Stuhl dargestellt.

106

107

108

Die Walcker-Orgel

Zur Ausstattung vom Ende des 18. Jahrhunderts stammt neben den Buntglasfenstern auch die Orgel der Firma Walcker. In den Jahren 1883/84 wurde das Musikinstrument in Ludwigsburg gebaut. Das Instrument verfügte ursprünglich über 56 Register auf drei Manualen und Pedal, Kegelladen mit mechanischer Traktur und eine Barkermaschine im ersten Manual. Bereits elf Jahre nach Fertigstellung wurde die Orgel durch die Gebrüder Jehmlich aus Dresden auf pneumatische Traktur umgestellt, um elf Register erweitert und etwa einen Meter nach hinten geschoben. Nach 1945 häuften sich Fehler am pneumatischen System, eine Sanierung wurde ins Auge gefasst. Für eine grundlegende Instandsetzung fehlte das Geld. Die Orgel wurde 1975 still gelegt, weil sie nicht mehr funktionierte. Auf dem Altarplatz steht seit 1979 eine von der Firma Eule aus Bautzen erbaute Orgel. Sie sorgte während des rund 20 Jahre andauernden Schweigens der Walcker-Orgel für die musikalische Umrahmung. Noch heute erklingt sie beispielsweise zur Feier des Heiligen Abendmahls, bei Konzerten und zu Hochzeiten.

Lange Jahre gab es keine Einigung darüber, was mit der Walcker-Orgel geschehen sollte. Es gab Überlegungen zum Umbau, aber auch ein vollständiger Neubau wurde erwogen. Nach langwieriger Entscheidungssuche beschloss man 1987 die grundhafte Restaurierung dieses bedeutenden Musikinstruments der Romantik. Die technische Anlage wurde innerhalb von drei Jahren anhand von Vergleichsinstrumenten, wie sie in Riga, Wien oder Kamenz stehen, restauriert. Am 22. Oktober 1995 konnte die rekonstruierte Walcker-Orgel neu eingeweiht werden. Mühelos vermag sie, den riesigen Raum mit ihrem Klang kraftvoll zu füllen – den Gläubigen zur Erbauung im Gottesdienst, den Gästen und Touristen zum Staunen und Gott zu Lob und Preis.

Die große Orgel der St. Annenkirche wurde in den Jahren 1883 bis 1884 von dem Ludwigsburger Eberhard Friedrich Walcker erbaut. Durch die Orgelbaufirma Eule aus Bautzen wurde sie während einer umfassenden Sanierung in den 1990-er Jahren in ihren ursprünglichen Zustand zurück versetzt.

Kirchenmusikdirektor Matthias Süß beim Spiel auf der Walcker-Orgel.

Das Instrument hat 65 Register.

→ 113

Mit dem Einbau der Walcker-Orgel 1883 wurde das Fenster zur Westseite über dem Hauptportal zugesetzt. Nur oben verblieb eine kleine Öffnung, durch die sich zu bestimmten Tageszeiten und nur bei günstigem Wetter ein lichter Strahl den Weg ins Innere bahnt.

Die Buntglasfenster

Was durch die Jahrhunderte in St. Annen an Kostbarkeiten erschaffen und erhalten wurde, wird durch das Licht belebt. Zu unterschiedlichen Tages- und Jahreszeiten geben die Strahlen dem riesigen Innenraum eine wechselnde Atmosphäre: Am Sonntagvormittag zum Gottesdienst bringen die hellen Strahlen der Sonne die Farben der Fenster zum Glühen. Das warme Licht der Dämmerung schmeichelt der Halle und hüllt sie in warmes Licht. An trüben Tagen taucht spärliches Hell den Raum nur in ein diffuses Halbdunkel.

Die farbigen Glasfenster stammen aus dem ausklingenden 19. Jahrhundert. Ursprünglich hatten die Baumeister 27 Buntglasfenster vorgesehen. Doch mit dem Einbau der Walcker-Orgel wurde das Fenster der Westseite über dem Hauptportal zugesetzt. Es verblieb an dieser Stelle nur eine kleine Öffnung über der Orgel.

Die Botschaft der Buntglasfenster beinhaltet drei Themen: die Heilsgeschichte Gottes im Altarraum, die Verkündigung des Wortes im südlichen Seitenschiff – auf Seiten der Kanzel – und die Ausstrahlung von Gottes Wort im nördlichen Seitenschiff. Bei einigen Fenstern haben sich die Meister

des 19. Jahrhunderts auf Ornamente beschränkt und damit großflächige Glasteppiche geschaffen.

Während der Innenrestaurierung von St. Annen in den Jahren 1975 bis 1999 wurden schadhaft gewordene Fenster restauriert. Um eine Aufhellung des Altarraumes zu erzielen, ersetzten die Restauratoren zu jener Zeit Buntglasfenster durch Butzenscheiben.

← 114/115
Das Fenster im Nordchor zeigt den Kampf des Erzengels Michael und seiner Helfer gegen den Teufel.

Um die Art der Fenstergestaltung wurde in St. Annen viel gerungen. 1883 wurde eine Leipziger Firma beauftragt, neue Glasgemälde anzufertigen.

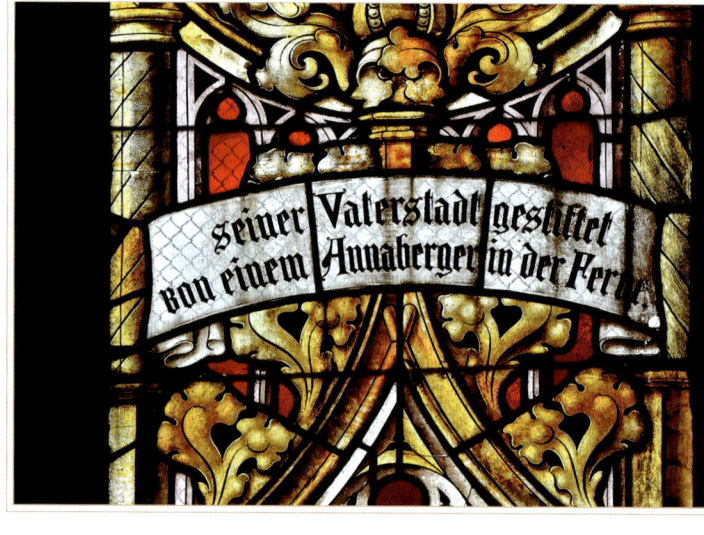

Das Fenster über dem Hauptaltar begrüßt jeden Kirchenbesucher schon von weitem. Es erhielt die Überschrift: „Die Herrlichkeit des Herrn geht auf über dir!"

← 118
Die Meister der Glasmalerei des 19. Jahrhunderts bemühten sich, den leuchtenden Vorbildern aus gotischer Zeit nahe zu kommen.

→ 120/121
Bei einigen Fenstern haben sich die Meister des 19. Jahrhunderts auf Ornamente beschränkt. Andere erzählen die Heilsgeschichte Gottes.

Das Fenster im Südchor nimmt den Betrachter hinein in die Vision des Propheten Hesekiel. Er schaut ein Zentrum in glühendem Licht, das ihm Gottes Gegenwart anzeigt. Er ist umgeben von Engel, Löwe, Stier und Adler - den späteren Symbolfiguren für die vier Evangelisten des Neuen Testaments.

→ 123

Dem Theologen und Pädagogen Ernst Oswald Schmidt ist ein Fenster gewidmet. Er wirkte 40 Jahre lang als Oberpfarrer, Superintendent und Kirchenrat in dem Annaberger Gotteshaus.

Die Rekonstruktion

Anfang der 1970-er Jahre begann die Restaurierung des Kircheninneren. Um den ursprünglichen Raumeindruck der Spätgotik wieder herzustellen wurden unter anderem fünf verschiedene Schichten von Übermalungen entfernt.

Zahlreiche Restaurationen innerhalb von fünf Jahrhunderten haben das Innere der St. Annenkirche immer wieder verändert. Die letzte Rekonstruktion fand in den Jahren 1974 bis 1999 statt. Während dieser Zeit wurden das Dach und der Innenraum umfassend restauriert. Dabei sind die Restauratoren unter Leitung von Heinrich Magirius der ursprünglichen Gestaltung gefolgt und haben nach eingehenden Untersuchungen die einstige Farbpracht wieder hervorgeholt und zum Strahlen gebracht. Filigrane Arbeit war nötig, um beispielsweise fünf übereinander liegende Farbschichten vorsichtig zu lösen. Gearbeitet wurde im Innenraum fast ausschließlich

in den Sommermonaten, weil nur dann die Temperaturen eine Rekonstruktion zuließen. Ungezählte Gemeindeglieder, Freunde, Verwandte und Gäste waren in der Zeit vor der politischen Wende zu erheblichen Opfern und Risiken bereit, um die Sanierung voranzutreiben. Allein die Beschaffung von Blattgold, Blattsilber, Anlegeöl, Steinmehl, Poliment und Werkzeugen verlief abenteuerlich, denn auf „normalem" Wege war an diese Raritäten nicht heranzukommen. Ohne qualifizierte Fachkräfte, eine anhaltende Spendenbereitschaft, treue Beter und stille Begleiter wäre eine Rekonstruktion mit dem heutigen Ergebnis der Wiederherstellung des ursprünglichen spätgotischen Raumeindrucks nicht möglich gewesen.

Der eingerüstete Turm der St. Annenkirche zu Anfang des 20. Jahrhunderts.

← 126
Mit Abschluss der Restaurierungsarbeiten im Jahr 1998 zeigt sich St. Annen seinen Besuchern so, wie sie die Menschen vor mehr als 500 Jahren erlebt haben. In der jüngsten Sanierungsphase werden die Risse im Mauerwerk des Turms abgedichtet.

Aufgrund aufgetretener Risse im Turm steht 2011 ein umfassende Sanierung an, um die Turmbesteigung für die Öffentlichkeit dauerhaft zu sichern.

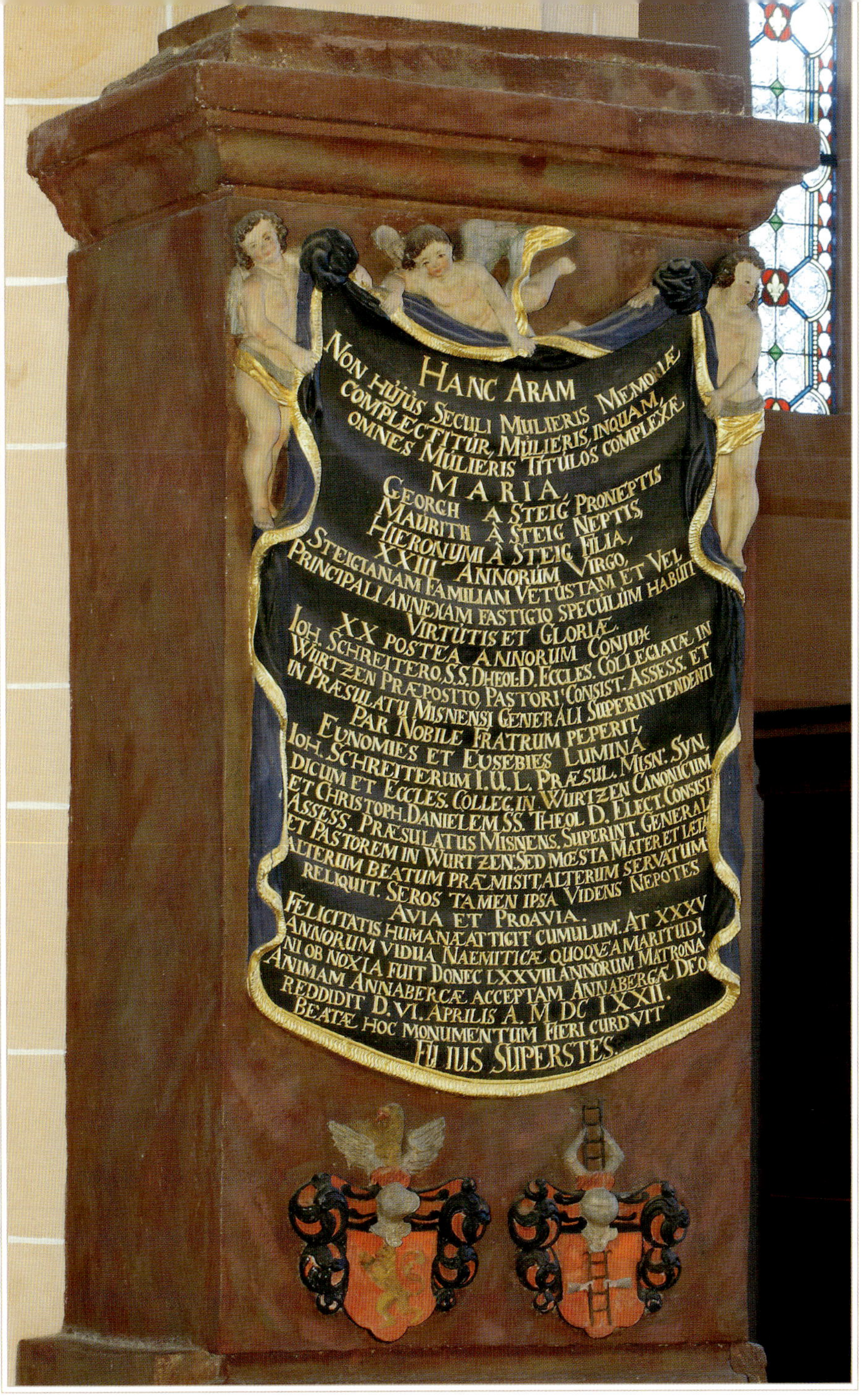

HANC ARAM
NON HUJUS SECULI MULIERIS MEMORIÆ
COMPLECTITUR, MULIERIS, INQUAM,
OMNES MULIERIS TITULOS COMPLEXÆ
MARIA,
GEORGII A STEIG PRONEPTIS
MAURITII A STEIG NEPTIS,
HIERONYMI A STEIG FILIA,
XXIII ANNORUM VIRGO,
STEIGIANAM FAMILIAM VETUSTAM ET VEL
PRINCIPALI ANNEXAM FASTIGIO SPECULUM HABUIT
VIRTUTIS ET GLORIÆ.
XX POSTEA ANNORUM CONJUX
IOH. SCHREITERO S.S. THEOL. D. ECCLES. COLLEGIATÆ IN
WURTZEN PRÆPOSITO, PASTORI, CONSIST. ASSESS. ET
IN PRÆSULATU MISNENSI GENERALI SUPERINTENDENTI
PAR NOBILE FRATRUM PEPERIT,
EUNOMIES ET EUSEBIES LUMINA
IOH. SCHREITERUM I.U.L. PRÆSUL. MISN. SYN.
DICUM ET ECCLES. COLLEG. IN WURTZEN CANONICUM
ET CHRISTOPH. DANIELEM SS. THEOL. D. ELECT. CONSIST.
ASSESS. PRÆSULATUS MISNENS. SUPERINT. GENERAL
ET PASTOREM IN WURTZEN SED MŒSTA MATER ET LÆTA
ALTERUM BEATUM PRÆMISIT, ALTERUM SERVATUM
RELIQUIT. SEROS TAMEN IPSA VIDENS NEPOTES
AVIA ET PROAVIA.
FELICITATIS HUMANÆ ATTIGIT CUMULUM. AT XXXV
ANNORUM VIDUA NAEMITICÆ QUOQUE AMARITUDI
NI OB NOXLA FUIT DONEC LXXVIII ANNORUM MATRONA
ANIMAM ANNABERCÆ ACCEPTAM ANNABERGÆ DEO
REDDIDIT D. VI. APRILIS A. M DC LXXII.
BEATÆ HOC MONUMENTUM FIERI CURAVIT
FILIUS SUPERSTES.

Aus dem 17. Jahrhundert stammen zahlreiche Epitaphe – zum Teil als Holz- oder Steindenkmäler beziehungsweise Gussplatten.

Die Gemeinde auf dem Weg

Die offene Kirche

Das Gästebuch in St. Annen bewahrt die Eindrücke seiner Besucher: „Eine wirklich tolle Kirche", „Wir waren beeindruckt von der riesigen Halle", „Eine reiche Ausstattung". Mehrere Tausend Touristen besuchen jährlich die größte spätgotische Hallenkirche Sachsens. Die Stadtkirche Annabergs zählt damit zu den Publikumslieblingen und findet einen Platz unter den Top 10 der rund 1300 Kirchen des Freistaates. Sie gehört zu den offenen Kirchen, das heißt, sie ist täglich für jedermann zugänglich. Museal gesehen ist St. Annen ein Schatz mit vielen original erhaltenen Kostbarkeiten aus dem 16. Jahrhundert. Weder die Reformation noch der Zweite Weltkrieg taten ihr Schaden an, das Inventar blieb auf wundersame Weise über die Jahrhunderte hinweg erhalten.

Erhalten blieb auch die Baukunst, deren Konzept die Menschen zu allen Zeiten beeindruckte. Im „Bergmannsdom" scheinen sich Himmel und Erde zu berühren, hier, in der lichtdurchfluteten Halle weitet sich die Welt. Der Bergmann vor 500 Jahren entfloh der Enge und Dunkelheit des Schachts beim Gottesdienst in St. Annen. Dort erwartete ihn die helle, freundliche Einladung Gottes.

Die evangelisch-lutherische Kirchengemeinde Annaberg-Buchholz zählt etwa 5000 Gemeindeglieder in ihren vier Gemeindeteilen St. Annen mit Frohnau, Buchholz, Haus der Hoffnung und Kleinrückerswalde. 25 haupt- und nebenamtliche sowie zirka 350 ehrenamtliche Mitarbeiter engagieren sich für unterschiedlichste Projekte, beispielsweise im diakonischen Dienst, bei der Betreuung von Senioren oder auch in der Arbeit mit sozial benachteiligten Kindern. Das Gemeindeleben der Innenstadt zieht sich durch alle Generationen. Bemerkenswert ist hier die lebendige Kinderarbeit: Jeden Sonntag gibt es mit den „Kirchenmäusen", den „Regenbogenfischen" und den „Bibelfüchsen" drei gut besuchte Gottesdienstgruppen für den Nachwuchs.

Gottes Haus spielt im Zusammenhang mit dem lebendigen Glauben eine große Rolle. Es ist der Ort, an dem Christen den Glauben in Bekenntnis und Gebet äußern und stärken, und es

← 130

Neben den sonntäglichen Gottesdiensten finden in St. Annen regelmäßig Konzerte und Kirchenmusiken statt.

Die St. Annenkirche ist mit ihrem Veranstaltungsreigen auch ein kulturelles Zentrum im Erzgebirge.

ist immer auch Ausdruck des kulturellen und geistigen Lebens eines Volkes und sichtbares Glaubenszeugnis vergangener Generationen. Es zu erhalten ist geschichtliche Pflicht und gläubige Dankbarkeit. Gotteshäuser sind darüber hinaus außerhalb gottesdienstlicher Veranstaltungen Orte der inneren Einkehr und der Stille, aber auch Orte von besonderen Höhepunkten im Leben, wie Taufe, Eheschließung und Konzerte. Wer in eine Kirche geht, erwartet etwas, das über die Alltagswelt hinaus geht. Vor diesem Hintergrund ist St. Annen nicht allein musealer Raum voller Daten, Fakten und Zahlen. Sie vermag darüber hinaus Trost, Hoffnung, Frieden und Besinnung zu geben. Sie lädt zum Glauben ein.

Die Kurrende, die sich aus Mädchen und Jungen im Alter zwischen 6 und 14 Jahren zusammen setzt, in St. Annen beim Gottesdienst.

Die Kirchgemeinde St. Annen feiert im Jahr zwischen 30 und 70 Taufen.

→ 135
Die Geburt Jesu. Jedes Jahr zu Weihnachten erzählen die Krippenfiguren von dem Kind im Stall.

Ein Höhepunkt im Veranstaltungskalender von St. Annen war der Regionale Kirchentag Erzgebirge im Mai 2009.

*An den Gottesdiensten in
St. Annen nehmen regelmäßig
etwa 250 Gläubige teil.*

→ 140/141
*Eingebettet in viel Grün liegt die
Stadt Annaberg-Buchholz am Fuße
des Pöhlberges. St. Annen thront
über der Stadt.*

Die Zeittafel

Das Bornkinnel – die für das Erzgebirge typische Christkindfigur – steht zu Weihnachten auf dem Hauptaltar der Kirche.

1491	Entdeckung von Silbererz am Schreckenberg
1496	Gründung der Neustadt am Schreckenberg
1498	Errichtung einer Holzkirche
1499	Baubeginn der St. Annenkirche
1501	Umbenennung der Stadt in St. Annaberg
1502 bis 1507	Baumaßnahmen unter der Anleitung von Konrad Pflüger (Fundamentierung des Turms, Bau der Außenmauern)
1507 bis 1513	Peter Ulrich (von Pirna) wird zur Bauleitung verpflichtet (statische Verstärkung des bisherigen Bruchsteinmauerwerks)
1508	Errichtung des ersten Innenwandpfeilers
1512	Bau der „Dachwölbung"
1514	Aufstellen der ersten Orgel
1515 bis 1525	Nach dem Tod Peter Ulrichs wird Jakob Heilmann (von Schweinfurt) mit der Bauleitung beauftragt.
1516	Fertigstellung des kupfergedeckten Daches; Aufstellen der Kanzel von Franz Maidburg
1517	Die Westempore und alle Pfeiler sind vollendet, Baubeginn des Schlingrippengewölbes
1518	Die Chorpartie erhält ihre endgültige Gestalt.
1519 bis 1520	Errichtung des südöstlichen Anbaus, der im Erdgeschoss als Reliquienkammer diente, in Arbeit sind die Emporenreliefs von Franz Maidburg und die Büsten von Propheten und Königen für die Gewölbe von Christoph Walter

1519	Weihe des Kirchenbaus
1521	Aufstellen des Bergknappschaftsaltars, auf dessen Rückseite die Bilder von Hans Hesse
1522	Aufstellen des Hauptaltars von Hans Daucher und Aufstellen des Münzeraltars
1524	Emporenreliefs sind vollendet
1524 bis 1525	Farbige Fassung der Emporenbrüstung; die Fenster erhalten ihre Verglasung
1525	… ist laut einer Inschrift „das Werk vollendet"
1577	Versetzung der „Schönen Tür" von der Franziskanerkirche an die Annenkirche
1604	Das kielbogenförmige Dach fällt einem Brand zum Opfer.
1688 bis 1692	Innenraumrestaurierung
1813	Brand des Turms; danach erhält der Turm eine neue Haube von Johannes Traugott Lohse und damit seine heutige Form
1875 bis 1884	Restaurierung; Einfügen eines neuen Zyklus von farbigen Glasfenstern; Aufstellen der Orgel der Firma Walcker
1923 bis 1932	Restaurierung; Neugestaltung des Westportals
1975 bis 1996	Restaurierung des Innenraumes unter der Leitung des Landesamtes für Denkmalpflege Sachsen; Die Restaurierung versetzt den spätgotischen Raum wieder in seinen originalen Zustand.
2011	Restaurierung des St. Annenturms

Die Quellen

Jürgen Stabe: Wunderbar geführt – Erinnerungen und Begegnungen, R. Brockhaus Verlag Wuppertal, 2002

Christian Zemmrich: Die Buntglasfenster in der St. Annenkirche zu Annaberg, Schnell & Steiner, Regensburg, 2000

Hans Burkhardt: Dich ruft mein Ton zum Dienst des Herrn …, Turmförderverein Annaberg e. V., Annaberg, 1998

Evangelisch-Lutherische Kirchgemeinde Annaberg-Buchholz (Hrsg.): Kostbarkeiten in St. Annen zu Annaberg, Heft 1 – Die große Bilderbibel (Auswahl), Annaberg-Buchholz, 2009

Evangelisch-Lutherische Kirchgemeinde Annaberg-Buchholz (Hrsg.): Evangelisch-Lutherische St.-Annenkirche Annaberg, Schnell & Steiner, Regensburg, 2006

Gottlieb Scheffler: Erinnerungen aus Annabergs Geschichte, bearbeitet von Helmut und Reinhart Unger; 2. Teil: Historische Ereignisse, Heft 6 der Streifzüge durch die Geschichte des oberen Erzgebirges, Annaberg-Buchholz, 1997

Gottlieb Scheffler: Erinnerungen aus Annabergs Geschichte, bearbeitet von Helmut und Reinhart Unger; 4. Teil: Städtische Verhältnisse – Schulverhältnisse – Mundart, Heft 19, Annaberg-Buchholz, 1996–1998

Herzog Georg zu Sachsen: Stadt-, Gerichts- und Ratsordnung der Stadt Annaberg, bearbeitet von Reinhart Unger; Heft 26 der Streifzüge durch die Geschichte des oberen Erzgebirges, Annaberg-Buchholz, 1998